Jenseits von Unterwerfung

Rudolf Kutschera

Jenseits von Unterwerfung

Den Islam theologisch beantworten

Bibliografische Information der Deutschen Nationalbibliothek
Die Deutsche Nationalbibliothek verzeichnet diese Publikation
in der Deutschen Nationalbibliografie; detaillierte bibliografische
Daten sind im Internet über http://dnb.d-nb.de abrufbar.

ISBN 978-3-631-83095-6 (Print)
E-ISBN 978-3-631-83515-9 (E-PDF)
E-ISBN 978-3-631-83516-6 (EPUB)
E-ISBN 978-3-631-83517-3 (MOBI)
DOI 10.3726/b17792

© Peter Lang GmbH
Internationaler Verlag der Wissenschaften
Berlin 2020
Alle Rechte vorbehalten.

Peter Lang – Berlin · Bern · Bruxelles · New York ·
Oxford · Warszawa · Wien

Das Werk einschließlich aller seiner Teile ist urheberrechtlich
geschützt. Jede Verwertung außerhalb der engen Grenzen des
Urheberrechtsgesetzes ist ohne Zustimmung des Verlages
unzulässig und strafbar. Das gilt insbesondere für
Vervielfältigungen, Übersetzungen, Mikroverfilmungen und die
Einspeicherung und Verarbeitung in elektronischen Systemen.

Diese Publikation wurde begutachtet.

www.peterlang.com

Zusammenfassung

Das Buch untersucht zentrale theologische Aspekte des Korans und des Islam. Grundeinsichten heutiger Islamwissenschaft werden einem Nicht-Fachpublikum zugänglich gemacht.

Das erste Kapitel untersucht die Quellen des Korans, welche sowohl als „forma mentis" (Denkstruktur) als auch durch textliche Parallelen im Koran identifizierbar sind: Judenchristliche, manichäische, byzantinische, nestorianische und antik-römische Elemente. Auf diesem Hintergrund zeigt sich der spezifisch islamische Akzent des Korans in einem neuen Licht.

Bei der Frage des zweiten Kapitels nach dem Antijudaismus im Koran werden die Darstellungen zentraler biblischer Figuren wie Abraham und Mose im Tanach/Alten Testament und im Koran miteinander verglichen. Als Schlussfolgerung für das christlich-muslimische Gespräch ergibt sich daraus, dass es sinnvollerweise nur unter Einbeziehung jüdischer Stimmen zu führen ist.

Die Weise der Präsentation Jesu im Koran – dargestellt im dritten Kapitel – offenbart sein erkenntnisleitendes Interesse, Jesus und andere biblische Personen als Vorläufer-Figuren Muhammads zu zeichnen. Der entscheidende Schlüssel für ein vertieftes Verstehen Jesu liegt darin, sowohl die jüdische Tradition wiederzuentdecken als auch vergessene Aspekte kirchlicher Dogmatik, welche zeitgleich mit der Entstehungszeit des Koran geklärt wurden.

Im vierten Kapitel werden zwei wenig bekannte Sichtweisen auf den Islam vorgestellt: die des jüdischen Philosophen Franz Rosenzweig und die von Papst emeritus Benedikt XVI., wie er sie vor allem bei der Regensburger Rede 2006 vorgetragen hat. Beide Autoren gehen den durch den Islam aufgeworfenen theologischen Fragen in großer Wahrhaftigkeit auf den Grund und tragen Entscheidendes zu einer rational verantwortbaren Antwort auf den Islam bei.

Abstract

This book examines central theological aspects of the Qur'an and of Islam. Its four chapters seek to present certain key insights of contemporary Islamic Studies in a way that is accessible to a non-specialist public.

The first chapter examines the sources of the Qur'an, which can be identified both in the "forma mentis" (mindset) reflected in the Qur'an and in textual parallels derived from Judeo-Christian, Manichaean, Byzantine, Nestorian and Roman elements. This perspective casts a new light on the specifically Islamic accent of the Qur'an.

The question of anti-Judaism in the Qur'an, considered in the second chapter, compares the way in which central biblical figures such as Abraham and Moses are depicted in the Tanakh/Old Testament and in the Qur'an. This leads to the conclusion that it is essential for meaningful Christian-Muslim dialogue that Jewish voices always be included.

A critical examination of the Qur'anic presentation of Jesus in the third chapter reveals its interest in transforming Jesus and other biblical figures into precursors of Muhammad. The decisive key to a deeper understanding of Jesus lies in rediscovering both the Jewish tradition and forgotten aspects of Church dogma, which were clarified at the same time as the Qur'an was written.

The fourth chapter presents two little-known views on Islam: that of the Jewish philosopher Franz Rosenzweig and that of Pope emeritus Benedict XVI, as set out in the Regensburg lecture of 2006. With great candor and integrity, both authors try to get to the heart of the theological questions raised by Islam, thereby contributing decisively to a rationally justifiable response.

Inhalt

Vorwort 13

1. Die Quellen des Korans 17

   1.1 Der Koran im historischen Kontext 17

      Muhammad und der Koran 17

      Die literarische Eigenart des Korans 21

      Christliche und jüdische Einflüsse 22

      Ein realistischer Blick auf die Koranentstehung 24

      Die Frage nach den Quellen des Korans 26

   1.2. Judenchristliche Spuren 28

      Indizien für judenchristliche Einflüsse 28

      Das Siegel der Propheten
und die Herabsendung durch einen Engel 30

      Der Vorwurf der Schriftverfälschung 32

      Identifizierbare Elemente 33

      Die Relevanz der Frage
nach judenchristlichen Einflüssen 34

   1.3. Manichäische Elemente 35

      Der Manichäismus
im Umfeld des entstehenden Islam 35

      Manichäische Textanklänge im Koran 36

      Inhaltliche Konvergenzen und eine Divergenz 37

1.4. Weitere Einflüsse auf Koran
und entstehenden Islam 39
    Die Einheit von Politik und Religion
    im byzantinischen Reich 39
    Innerchristliche theologische Abspaltungen 40
    Theologische Analogien zum Nestorianismus 42
    Einflüsse aus antik-römischem Rechtsdenken 45

1.5. Der spezifisch islamische Akzent 49
    Traditionelle Urteile christlicher Theologen
    zum Koran 49
    Die Verschmelzung von Poesie und
    Überlegenheitsbewusstsein 50
    Die spezifisch muslimische Akzentuierung 51

2. Antijudaismus im Koran? 55

  2.1 Die Brisanz der Frage 55
    Zwei aktuelle Schlaglichter 55
    Ein exemplarischer Surenvers 56
    Die Umformung biblischer Inhalte im Koran 57
    Aussagen im Koran zur Pluralität der Religionen ... 59

  2.2 Abraham und Mose im Koran 62
    Vom biblischen Abraham
    zum Prototyp des frommen Muslim 62
    Mose – vom biblischen Gesetzgeber
    zum koranischen Ankläger der Juden 65

2.3 Anfragen an den koranischen Antijudaismus 68
    Innerislamische Ansätze 68
    Eine exemplarische jüdische Stimme zum Koran ... 70
    Ein Auftrag aus christlicher Perspektive 70

3. Jesus im Koran 73
   3.1 Quellen des koranischen Jesusbildes 73
       Der Rückgriff auf apokryphe Quellen 73
       Theologischer Voluntarismus
       in den apokryphen Quellen 75
   3.2. Grundzüge des koranischen Jesusbildes 78
       Die Darstellungen Jesu 78
       Die Verteidigungsrede des Neugeborenen
       in Sure 19 79
       Jesus als präfigurierter Muhammad
       und Prophetentypus 80
       Ablehnung der Kreuzigung Jesu 82
       Rückgriff auf den Doketismus 83
       Jesus-Isa als endzeitlicher Ankläger der Christen 84
   3.3. Die koranische Argumentation
       gegen die Göttlichkeit Jesu 86
       Argumentationsmuster 86
       Der Sohn-Gottes-Titel 88
   3.4. Jesus in einer aktuellen muslimisch-
       christlichen Annäherung 90
       Der Ansatz der Komparativen Theologie 90

Der komparative Ansatz
und die koranische Frage nach Jesus 91

Anfragen an den komparativen Ansatz 94

3.5. Ein vertieftes Verstehen Jesu 97

Die Herausforderung durch unterschiedliche
Kulturen 97

Die Tradition Israels als Korrektiv 98

Die Wiederentdeckung der freien Willenseinung 101

4. Franz Rosenzweig und Joseph Ratzinger zum Islam 107

4.1 Der Islam als Gesamtphänomen 107

4.2 Franz Rosenzweigs Sicht auf den Islam 109

Biographischer Kontext 109

Natürliches Heidentum in Offenbarungsgestalt ... 110

Das Fehlen von Umkehr 112

Der orientalische Gewaltherrscher 114

Parallelen zu einer innerislamischen
Reformbewegung 116

Erlösung und Offenbarung 117

Ein separater religiöser Wissensbezirk 120

Folgerungen aus der Sicht Rosenzweigs 121

4.3 Die Regensburger Rede von Papst Benedikt XVI. 124

Kontext der Rede 124

Weite der Vernunft 126

    Vertiefendes Erkennen Gottes 128
    Hindernisse beim Verstehen 129
4.4 Zusammenschau und Ausblick 132

Literaturverzeichnis 135

Vorwort

Das Wort *Islam* bedeutet übersetzt *Unterwerfung* – auch wenn andere Übersetzungen möglich sind. Die Grundlage dafür ist der Koran. Ist es möglich, darauf zu blicken, ohne sich ebenfalls einer solchen Logik zu unterwerfen? *Jenseits von Unterwerfung* unternimmt diesen Versuch. Dieses Buch ist aus einer jahrelangen theologischen Beschäftigung mit dem Islam entstanden. Der Autor weiß sich der jüdisch-christlichen Aufklärung und der auf ihr ruhenden Freiheitsordnung sowie dem Schutz der Würde jedes Menschen verpflichtet.

Die öffentliche Diskussion zum Islam schwankt zwischen Verharmlosung des Phänomens und Dämonisierung von Personen. Wie ist angesichts dessen vorzugehen?

Dieses Buch greift Grundeinsichten heutiger Islamwissenschaft auf und macht sie einem Nicht-Fachpublikum zugänglich. Dabei werden auch solche Zusammenhänge benannt, die nach einer Logik von Unterwerfung und „politisch korrekter" Konventionen gar nicht geäußert werden dürften.

Es gilt, einen Schritt aus der Tagespolitik zurückzutreten, um *theologische* Antworten auf den Islam zu geben. Das ist ebenfalls ein weitgehend verpöntes Unternehmen, weil darin zumeist eine Rückkehr zu unseligen Religionsvergleichen und dementsprechenden Polemiken vergangener Tage vermutet wird.

Allerdings ist der in islamischer Tradition als Prophet bezeichnete Muhammad einst mit einem *theologischen* Programm in theokratischer Gestalt angetreten. Der Koran spricht an unzähligen Stellen Christen und Juden direkt an und fordert sie zu Stellungnahmen auf. Warum also den Koran und den Islam nicht auch *theologisch* beantworten?

Dazu wurden vier Themen ausgewählt:

- Die Quellen des Korans und was auf seine Entstehung Einfluss genommen hat
- Wie sein durchgängiger Antijudaismus das Verhältnis zu den Juden bis heute prägt
- Das Jesus-Bild des Korans und welche Anfrage für Christen sich daraus ergibt
- Zwei philosophisch-theologische Versuche, den Islam als Ganzen zu beantworten

Dieses Buch ist also keine Einführung in den Islam, kein islamwissenschaftlicher Sonderbeitrag, keine Auseinandersetzung mit gesellschaftspolitischen Fragen zum Islam und auch kein Religionsvergleich.

Ein Beispiel soll das Gemeinte illustrieren: Muhammad verfolgte das Wachsen seiner Gemeinschaft und seiner Familie mit wachem Interesse. So bringt etwa sein Adoptivsohn Zaid eine schöne Frau ins Haus. Sollte sie ihm als dem berufenen Propheten Allahs versagt bleiben? Im 4. Jahr der islamischen Zeitrechnung erblickte Muhammad die Frau des Zaid „unverschleiert und verfiel auf der Stelle ihren Reizen. Er drängte seinen Adoptivsohn, sich von ihr zu trennen, und ehelichte sie danach."[1] Deswegen legt ein „göttliches" Wort an Muhammad – und an alle, die nach ihm in die gleiche Lage kommen sollten – in der Koransure 33 fest: „Und es ziemt sich nicht für einen gläubigen Mann oder eine gläubige Frau, wenn Allah und Sein Gesandter eine Sache entschieden haben, dass sie in ihrer Angelegenheit eine Wahl haben sollten... Als Zaid tat,

---

1 Nagel, Tilman: Was ist der Islam? Grundzüge einer Weltreligion. Duncker&Humblot: Berlin 2018, S. 127.

was er mit seiner Frau zu tun wünschte, verbanden Wir [= Allah] sie ehelich mit dir [= Muhammad]... Allahs Ratschluss muss vollzogen werden."²

Dieses Detail aus dem Koran zeigt, dass „Allahs Ratschluss" offenbar ein Zugriffsrecht gegenüber allen Personen legitimiert. Dieses „Recht" wurde dementsprechend auch gegenüber allen vorangegangenen Religionen und Traditionen praktiziert.

Diese Zusammenhänge aus historischer und theologischer Perspektive aufzuklären, ist dringend notwendig. Dass dies heute höchst relevant ist, zeigt eine Bemerkung des Philosophen Franz Rosenzweig – mehr dazu im 4. Kapitel –, dass die Auseinandersetzung mit dem Islam das dritte Jahrtausend prägen werde.

---

2 Aus den Koranversen 33,36–37. Manche Übersetzungen fügen hier eine Interpretation hinzu, nämlich dass Zaid von sich her eine Scheidung gewünscht hätte. Der Kontext legt allerdings nahe, dass diese Interpretation dazu dient, Muhammad von einem möglicherweise damit verbundenen Verstoß gegen die guten Sitten freizusprechen.

1. Die Quellen des Korans

1.1 Der Koran im historischen Kontext
Muhammad und der Koran

Der Islam ist im 7. Jahrhundert auf der arabischen Halbinsel entstanden, aus europäischer Perspektive also zur Zeit der Spätantike. Die folgende englischsprachige Karte („Arabische Halbinsel um 570") zeigt die damalige politische Lage dieser Region, zusammen mit Ortsnamen, Stämmen und Handelsrouten.[3] Für ein Verstehen der Quellen des Korans sind insbesondere die jüdischen und christlichen Ansiedlungen („settlements") sowie die Handelsrouten auf der arabischen Halbinsel zu beachten:

---

[3] Arabian Peninsula c. 570; in: Currie, Andrew (Ed.): Atlas of Islamic History. Taylor and Francis: Abingdon/UK 2014, S. 13; Abdruck mit Genehmigung des Verlags. Die vorliegende Abbildung ist entnommen aus: materiaislamica.com (abgerufen am 25.4.2020).

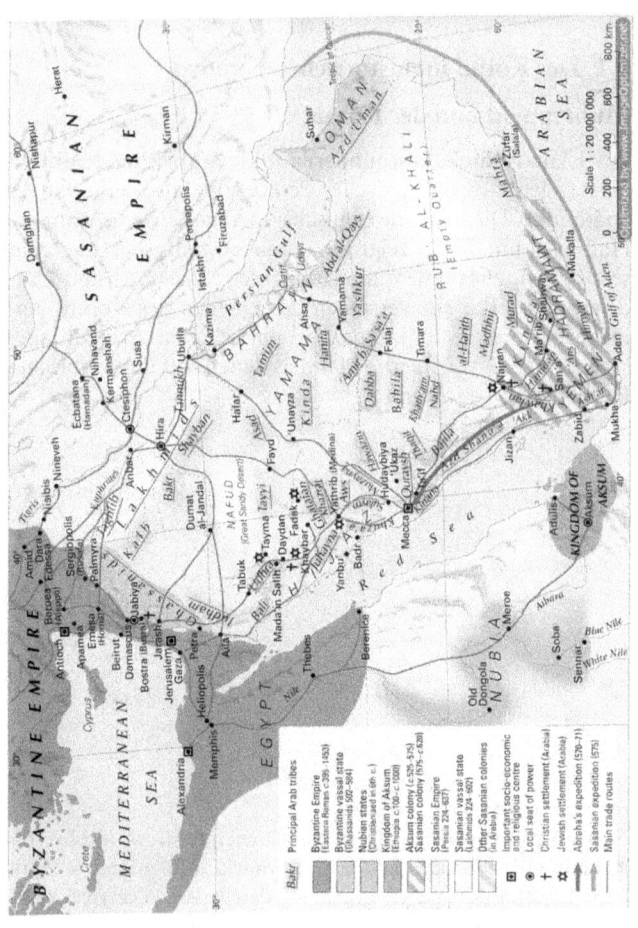

Das war also die Welt jenes weitgereisten Kaufmannes „Muhammad"[4] (570–632), der in der islamischen Tradition als Prophet bezeichnet wird. Auch wenn viele Fragen zur Muhammad-Biographie bis heute kontrovers diskutiert werden[5], so sind diese für eine *theologische* Auseinandersetzung mit dem heute vorfindlichen Koran und Islam wenig relevant. Folgende Eckdaten[6] zum Leben des Muhammad dienen als Orientierung:

570 n.Chr.: Geburt in Mekka, früh zum Waisen geworden, Teilnahme an Handelsreisen

595: Heirat mit der wohlhabenden Kaufmannswitwe Chadidscha

610: Erste mystische Visionen

619: Tod von Chadidscha und polemische Auseinandersetzungen in Mekka

622: Auswanderung (Hedschra) nach Medina – Beginn der muslimischen Zeitrechnung

624–627: Wachstum der Gemeinde, Raubzüge gegen Karawanen und Kämpfe gegen Mekka

628: Unterwerfung der Juden von Khaybar nach einer Belagerung und Schlacht

630: Muhammad und sein Heer ziehen in Mekka ein

632: Tod von Muhammad

---

4   Zahlreichen islamwissenschaftlichen Werken folgend wird im Weiteren die Form „Muhammad" gewählt. Arabische Namen und Begriffe werden, außer bei Zitaten, zumeist in üblichen Transkriptionen wiedergegeben.

5   Die erste Biographie Muhammads ist erst etwa hundert Jahre nach seinem Tod verfasst worden und zeigt deutliche Züge einer idealisierten Übermalung. Dennoch kann – mit der Mehrzahl der heutigen westlichen Koranforscher – von der grundsätzlichen Korrektheit dieser biographischen Grunddaten ausgegangen werden.

6   Eine detailliertere und gut verständliche Übersicht zur Biographie Muhammads und zur Frühgeschichte des Islam findet sich

Der Koran spiegelt die dramatische Auseinandersetzung des Muhammad und seiner ersten muslimischen Gemeinschaft um die Akzeptanz der neuen Lehre wider. Dementsprechend unterscheiden die Koranausgaben[7] für gewöhnlich die „mekkanischen" von den „medinischen" Suren.[8]

Während bis in das 20. Jahrhundert hinein die Person Muhammads als Autor des Korans im Mittelpunkt des Interesses stand, schreibt inzwischen die jüngere Koranforschung der entstehenden muslimischen *Gemeinschaft* eine mindestens ebenso wichtige Rolle bei der Koranentstehung zu.[9] Die biographischen Stationen des Muhammad und die Entwicklungsphasen seiner Gemeinde spiegeln sich deutlich in der koranischen Darstellung biblischer Figuren wider.[10] Nach dem Tod Muhammads erfolgten weitere Überarbeitungen des Korantextes bis hin zur Endredaktion etwa ein Jahrhundert später.[11]

---

unter: https://www.welt.de/kultur/gallery10970244/Mohammed-und-der-Aufstieg-des-Islam.html (abgerufen am 28.7.2018).

7 Im Folgenden wird zumeist aus den deutschen Übersetzungen von Rudi Paret oder Hartmut Bobzin zitiert.

8 Dabei wird häufig noch genauer in früh-, mittel- und spätmekkanische Suren differenziert. Das hat allerdings für ein Verstehen der Inhalte des Korans wenig Relevanz, da sich auch die Mehrzahl der Koranleser bzw. Koranhörer diese Inhalte unabhängig von Phasenzuordnungen zu eigen macht.

9 Vgl. dazu vor allem: Neuwirth, Angelika: Der Koran als Text der Spätantike. Verlag der Weltreligionen: Berlin 2010. Dieses Werk gilt als Standardwerk für die historisch-literarische Herangehensweise an den Koran.

10 Vgl. dazu besonders die Kapitel 2 und 3 dieses Buches.

11 Diverse kontrovers diskutierte Fragen zur Entstehungsgeschichte, literarischen Eigenart oder Autorenschaft des (sunnitischen) Korans können hier übergangen werden. Relevant

Die literarische Eigenart des Korans

Das arabische Wort „Koran" heißt übersetzt „Verlesung" und verweist auf einen liturgischen, also gottesdienstlichen Entstehungskontext. Deswegen gibt es viele Querverbindungen zu den biblischen Psalmen. Von der literarischen Eigenart her kann der Koran zusammenfassend als „appellatorische Überzeugungsrede"[12] charakterisiert werden. Diese zeigt sich an der fast durchgängigen Du-Anrede, die von einem transzendenten „Ich" oder „Wir" – damit ist Allah gemeint – ausgeht und sich an einen „Verkünder" richtet, „der seinerseits eine Hörerschaft anspricht."[13] Es handelt sich also um eine Art von Drama auf zwei Ebenen: „Allah" *berichtet* als Handelnder – und er ist jemand, *von* dem berichtet wird. Dieses immer wieder wechselnde Szenario wirkt auf einen Leser, der den Korantext etwa mit der Bibel vergleicht, anfangs zumeist verwirrend. Innerhalb dieses scheinbaren Stimmengewirrs sind allerdings ganz bestimmte Quellen und Einflüsse zu identifizieren, die im Folgenden näher zu betrachten sind.

---

    als Quelle sunnitisch-muslimischen Glaubens – also für etwa 90 Prozent aller Muslime – ist der Endtext mit seinen 114 Suren (= Kapiteln). Der Einfachheit halber wird im Folgenden zumeist Muhammad als Autor des Korans genannt, obwohl bis zur Herstellung des Endtextes eine Reihe weiterer Autoren und Redaktoren aus dem Kreis der entstehenden muslimischen Gemeinschaft beteiligt war.
12 Neuwirth 2010, S. 562.
13 Neuwirth 2010, S. 563. Dort auch weitere detailliertere Hinweise zu diesem „mehrstufige(n) Kommunikations- und Interaktionsszenario" des Korans.

Christliche und jüdische Einflüsse

Die religiöse Landschaft Arabiens zur Zeit Muhammads war vielgestaltig. Abgesehen von einem dominierenden Polytheismus gab es Christen – sowohl vereinzelt als auch in gemeinsamen Ansiedlungen –, sowie in und um Medina größere Ansiedlungen von Juden, wie aus der voranstehenden Karte ersichtlich ist.

Eine dünne griechisch geprägte Schicht in Syrien und Palästina, d.h. im Nordteil der arabischen Halbinsel, gehörte der byzantinischen Reichskirche an. Die einheimischen Bewohner dort waren hingegen mehrheitlich „Monophysiten". Das bedeutet, dass sie, wie zahlreiche orientalische Christen bis heute, ausschließlich die *göttliche* Natur Jesu anerkannten. Muhammad hat das Christentum also kaum in seiner „chalzedonischen", also offiziellen kirchlichen Gestalt kennengelernt[14], sondern eher in unterschiedlichen häretischen Sonderformen.[15]

Eine systematische christliche Missionierung der arabischen Halbinsel hatte noch nicht stattgefunden, wohl aber hielten sich Mönche oder Einsiedler in der Wüste auf. Es waren in erster Linie solche, „die sich aus dogmatischen oder disziplinären Gründen mit ihrer Kirche überworfen und in der Wüste Zuflucht gesucht hatten."[16] Zusätzlich wird es

---

14 Beim Konzil von Chalzedon im Jahr 451 wurde definiert, dass die göttliche und menschliche Natur „unvermischt und ungetrennt" in Jesus präsent waren. Dieser Glaube ist für die christlichen Großkirchen bis heute bestimmend.

15 Vgl. dazu etwa: Simon, Róbert: Mani and Muhammad. JSAI (Jerusalem Studies in Arabic and Islam) 21: Jerusalem 1997, S. 127.

16 Busse, Heribert: Die theologischen Beziehungen des Islams zu Judentum und Christentum. Wissenschaftliche Buchgesellschaft: Darmstadt 1991, S. 11f.

entlang der Handelsstraßen auch christliche Kaufleute gegeben haben. In zeitgenössischen Berichten ist von Christen zu lesen, zum Beispiel einem koptischen Zimmermann, der um 605 das Dach der Kaaba baute. Es wurde vermutet, dass bei den Märkten anlässlich der Pilgerfeste christliche Wanderprediger, vielleicht aus Südarabien, auftraten und Muhammad von diesen Begegnungen her wichtige Anstöße zu seiner Verkündigung empfangen hat.

Informationen über das Christentum bezogen Muhammad und seine Glaubensgenossen zumeist aus mündlichen Traditionen, höchstwahrscheinlich aus ihrer Teilnahme an Gottesdiensten und religiösen Streitgesprächen. Deswegen steht die Identifizierung von „Bezugstexten" oder „Quellen" des Korans vor einem grundsätzlichen Problem: Mündliche Traditionen wurden zumeist nicht schriftlich festgehalten. Folglich ist die Rekonstruktion dieser Quellen auf die wenigen erhalten gebliebenen Verschriftlichungen angewiesen. Biblische und nachbiblische Texte und Erzählungen gelangten fast durchgängig durch den Filter mündlicher Verkündigung in den Koran. Die Koranautoren konnten dabei an der biblischen Kenntnis – wenn auch zumeist nur vom Hörensagen – ihrer Zuhörerschaft bzw. Leserschaft anknüpfen. Auf dieser Grundlage aufbauend versahen die Koran-Autoren die biblischen Botschaften dann mit ihrer eigenen Interpretation.[17]

Ausführlich spiegelt der Koran Streitgespräche mit Juden wider, welche besonders in Medina stattfanden. Deswegen gelangten biblische Texte „sehr häufig durch die Exegese

---

17 Vgl. dazu: Reynolds, Gabriel Said: The Qur'an and Its Biblical Subtext. Routledge: London 2010, S. 2.

der rabbinischen Traditionen"[18] oder in Form jüdischer und christlicher Apokryphen[19] in den Koran. Biblische Einflüsse auf den Koran sind also grundsätzlich *vermittelt*. Die Bibel im Koran ist durchgängig eine „interpretierte Bibel"[20], indem sie zumeist jüdische oder christliche Interpretationen aufgreift und diesen eine spezifisch islamische Ausrichtung gibt.

Ein realistischer Blick auf die Koranentstehung

Die Fülle an literarischen und biblischen Bezugstexten innerhalb des Korans zeigt, dass sich seine Entstehung keineswegs mystischen Eingebungen an einen Seher in der Einsamkeit der Wüste verdankt, der gelegentliche Kontakte zu Juden oder Christen gehabt hätte. „Nicht ein ‚Autor' ist hinter dem Koran anzunehmen, sondern – von den [chronologisch] allerersten Suren abgesehen, die ein individuelles Zwiegespräch zwischen Gott und Menschen spiegeln – eine sich über die gesamte Wirkungszeit des Verkünders hinziehende gemeindliche Diskussion."[21] Sowohl die Quellentexte als auch die Diskussionen wurden dann von einer charismatischen Figur zusammengefasst und bearbeitet. Nach dem Tod Muhammads erfolgte

---

18 Neuwirth, Angelika: Im vollen Licht der Geschichte. In: Hartwig, Dirk et al.: „Im vollen Licht der Geschichte." Ergon: Würzburg 2008, S. 29.
19 Damit sind nachbiblische oder außerbiblische Schriften der jüdischen oder christlichen Tradition gemeint.
20 Mit dem Ausdruck „interpreted Bible" fasst der renommierte Islamforscher Sidney H. Griffith seine Untersuchungen zur Bibel im Koran zusammen, so etwa in: Reynolds, Gabriel Said (Hrsg.): The Qur'an in Its Historical Context. Routledge: London 2008, S. 109–137.
21 Neuwirth 2010, S. 44.

dann die Zusammenführung zu einem Endtext, und zwar höchstwahrscheinlich noch im 7. Jahrhundert.[22]

Der Koran selbst weist den Verdacht kategorisch zurück, Muhammad habe aus bestimmten Quellen Informationen bezogen.[23] Er betont, dass Muhammad weder lesen noch schreiben konnte[24] und legt damit Allah selbst, also die göttliche Inspiration, vermittelt durch den der biblischen Tradition entnommenen Erzengel Gabriel[25], als Quelle von Muhammads Verkündigung fest. Daraus folgt von muslimischer Seite bis heute eine grundsätzliche Skepsis gegen die

---

22 Neuwirth kommt nach Sichtung verschiedener Entstehungstheorien zum Koran daher zu dem Schluss: „Die Annahme, dass der in verschiedenen Zentren des entstehenden [islamischen] Reiches zunächst vor allem mündlich gelehrte Koran bereits früh, vielleicht schon um 655 [also während der Regierungszeit des dritten Kalifen 'Uthmān], spätestens aber in der Zeit 'Abd al-Maliks [ein bedeutender Umaiyadenkalif] um 690, seine verbindliche Textgestalt [...] erhalten hat, wird sich also kaum mehr von der Hand weisen lassen." (Neuwirth 2010, S. 252).

23 Vgl. Sure 16,103, wo neben dieser Zurückweisung außerkoranischer Quellen auch festgelegt ist, dass als göttliche Offenbarungsquelle nur das Arabische in Frage kommt: „Und wir wissen fürwahr, dass sie sagen, wer ihn [= den Propheten] belehrt, sei nur ein Mensch. Die Sprache dessen jedoch, auf den sie hinweisen, ist eine fremde, während dies hier Arabisch ist, deutlich und klar."

24 Vgl. dazu Sure 29,48: „Und nie verlasest du [= der Prophet Muhammad] vordem ein Buch, noch konntest du eines schreiben mit deiner rechten Hand; sonst hätten die Lügner zweifeln können."

25 Vgl. dazu Sure 2, 97, eine der drei Surenverse, in denen Gabriel (auf Arabisch: Dschibril) im Koran erwähnt wird: „Gabriel...hat ihn (d.h. den Koran) doch mit Gottes Erlaubnis dir [= Muhammad] ins Herz herabkommen lassen."

literarkritische und historische Erforschung des Korantextes. Abgesehen davon betont die muslimische Koranauslegung immer die *allgemeine* Bedeutung eines Koranverses gegenüber einer *spezifischen*, vom Entstehungskontext geprägten Interpretation.[26]

Gerade weil diese Vorentscheidungen von muslimischer Seite ein offenes Gespräch zur Koranentstehung erschweren, ist – jenseits von Unterwerfung – ein realistischer Blick auf die Quellen umso notwendiger. Eine herausragende Rolle kommt hier den biblischen Quellen zu.

Die Frage nach den Quellen des Korans

Der deutsch-jüdische Islamwissenschaftler Heinrich Speyer (1897–1935) listet in seinem Grundlagenwerk *Die biblischen Erzählungen im Qoran* insgesamt 164 Texte auf, deren Spuren sich im Koran wiederfinden. Er gruppiert sie in jüdische und christliche Apokryphen einerseits und in jüdische und christliche Literatur andererseits.[27] Dabei diagnostiziert er eine „überraschende Ineinanderschachtelung von biblischen und nachbiblischen Geschichten" und stellt fest, dass viele Koranverse „Psalmen oder wahrscheinlicher noch christliche Homilien nachzuahmen versuchen."[28]

Speyer steht in der Tradition einer Koranforschung, die von Abraham Geiger mit seiner Dissertation *Was hat Mohammed aus dem Judenthume aufgenommen?* (1833)

---

26 So fasst etwa der islamische Religionsphilosoph Shabbir Akhtar (in: Akhtar, Shabbir: Islam as Political Religion. Routledge: London 2011, 169) die Grundausrichtung islamischer Koranexegese zusammen.

27 Vgl. Speyer, Heinrich: Die biblischen Erzählungen im Qoran. Olms: Hildesheim 2013, S. 502–505.

28 Speyer, Die biblischen Erzählungen, S. 463f.

begründet worden war. Während Geiger, wie andere Autoren in den Jahrhunderten vor ihm, von Muhammad als Autor des Korans ausging, hat sich inzwischen die Erkenntnis durchgesetzt, „dass sich der Koran einer Dynamik, einem komplexen Kommunikationsprozess, verdankt."[29] Diese Komplexität schließt folglich auch aus, dass der Koran eindimensional als eine Kopie jüdischer oder christlicher Vorlagen betrachtet werden kann. Entsprechende Hypothesen – etwa als Übersetzung eines syro-aramäischen Textes – sind in den Bereich von Spekulationen[30] zu verweisen. Sie sind auch deswegen problematisch, weil man sich damit letztlich von einer kritischen Analyse gerade des Koran-*Inhalts* dispensieren würde.

Insgesamt steht in der aktuellen Koranforschung fest, dass eine Vielzahl von Einflüssen, auch solche aus der arabischen Literatur, auf den Korantext eingewirkt haben. Diese können inzwischen auch im Detail relativ genau identifiziert werden.[31]

Zusammenfassend lässt sich sagen: Das von islamischen Quellen gerne beschriebene Szenario einer kargen Wüstenlandschaft, primär bevölkert von kulturfremden Beduinen, was die „islamische Tradition mit Jāhiliyā, mit ‚Barbarei', als dunkle Projektionsfläche zum im hellen Licht der

---

29 Neuwirth 2010, S. 94.
30 Mehr dazu bei Neuwirth 2010, S. 100.
31 Hier ist besonders das Forschungsprojekt der Berlin-Brandenburgischen Akademie der Wissenschaften zu erwähnen. Diese stellt einen umfassenden Korankommentar online zur Verfügung (abrufbar unter: corpuscoranicum.de). Darin werden viele Koranverse mit Texten aus dem historischen Umfeld in Verbindung gebracht um den ursprünglichen Entstehungskontext zu ermitteln.

Geschichte stehenden Islam"[32] bezeichnet und entsprechend ausschmückt, hat in dieser Form gar nicht existiert.

Im Folgenden werden diejenigen Einflüsse auf den Koran genauer in den Blick genommen, die für eine theologische Interpretation seiner Botschaft bedeutsam sind.

1.2. Judenchristliche Spuren

Indizien für judenchristliche Einflüsse

Unter den Quellen des Korans und des Islam ragen in besonderer Weise judenchristliche Einflüsse heraus.[33] Das geht bereits aus der Herkunft des Wortes „Nasir", arabisch für „Christen", hervor. Damit waren ursprünglich vermutlich judenchristliche Gruppen, also „Nazoräer", gemeint. Insgesamt versteht man unter „Judenchristen" diejenigen jüdisch geprägten Gruppen und theologischen Strömungen, die an Jesus als dem Messias Israels gerade *als Juden* festhielten. Diese innerhalb des frühen Christentums bald in die Häresie driftenden und dorthin geschobenen Gruppen spiegeln

---

32 Marx, Michael: Programmatik des Akademienvorhabens Corpus Coranicum. In: Hartwig, Dirk: Im vollen Licht der Geschichte (vgl. Fußnote 17), S. 52f.

33 Vgl. dazu: Colpe Carsten: Das Siegel der Propheten. Historische Beziehungen zwischen antikem Judentum, Judenchristentum, Heidentum und frühem Islam. Arbeiten zur neutestamentlichen Theologie und Zeitgeschichte. ANTZ Band 3: Berlin 2006. Dort (vgl. 29ff.) problematisiert er das Wort „Judenchristen" als ein der deutschen Wissenschaftssprache entstammender Terminus, der die komplexe Entwicklung dieser „Bewegung" nur unvollständig abbildet. Dennoch ist er als Sammelbegriff hilfreich, solange man die Vielgestaltigkeit des gesamten Phänomens im Blick behält.

das dramatische und jahrhundertelang währende Ringen um eine adäquate Verhältnisbestimmung zwischen Judentum und Christentum wider.

Die Untersuchungen zu diesen Einflüssen auf den Koran haben eine längere Forschungsgeschichte hinter sich.[34] Als weitgehend gesichert können folgende Ergebnisse gelten: Statt nur *eine* bestimmte judenchristliche Quelle zu identifizieren, lässt sich bei der Koranentstehung ein langsamer „Prozess der Assimilation disparater Elemente"[35] aus einem Judenchristentum diagnostizieren, das unter diesem Begriff unterschiedliche Ausprägungen vereinigt. Insbesondere dürfte das arabische Judentum sogar noch zur Entstehungszeit des Islam, also im 7. Jahrhundert, von einer judenchristlichen Variante durchsetzt gewesen sein.[36] Das ist eine höchst erstaunliche Tatsache, weil in der Forschung die endgültige Trennung von Judentum und Christentum zumeist mit dem 4. Jahrhundert als abgeschlossen betrachtet wird.

Ein mehr äußeres Indiz für die Identifizierung dieser Einflüsse sind rituelle Elemente wie etwa die häufigen Waschungen vor den Gebeten im Islam. Es fällt auf, dass „diese

---

34 So definierte etwa der protestantische Theologe Adolf von Harnack (1851–1930) den Islam insgesamt als eine Form des gnostischen Judenchristentums. In: Harnack, Adolf von: Lehrbuch der Dogmengeschichte. Mohr: Tübingen: 1909, II, S. 537.
35 Roncaglia, M. P.: Élements Ébionites et Elkésaites dans le Coran. In: POC (Proche-Orient Chretien) 21: Jerusalem 1971, S. 101–126. Der Autor bezieht sich darin vor allem auf Textzeugnisse von Epiphanius' *Panarion*, auf die klar als judenchristlich identifizierbaren Pseudo-Klementinen sowie auf die Kirchengeschichte des Eusebius.
36 Vgl. dazu. Colpe 2006, S. 210.

Praktiken auch bei den Ebioniten und Elkesaiten [= zwei judenchristliche Strömungen] geläufig waren."[37] Bemerkenswerterweise wurde Muhammad deswegen auch von seinen heidnischen Gegnern verdächtigt, „Sabäer/Sabier"[38] zu sein.

Das Siegel der Propheten und die Herabsendung durch einen Engel

Analog zu judenchristlichen Quellen werden im Koran immer wieder bestimmte, mit biblischen Namen versehene Prophetenreihen genannt. Dementsprechend könnte auch die Bezeichnung Muhammads als „Siegel der Propheten" – einmalig im Koran in Sure 33,40[39] – aus judenchristlichen Quellen stammen. In diesem Ausdruck verdichtet sich der Anspruch, vorangegangene Prophetenbotschaften endgültig zu interpretieren und abzuschließen, also zu „versiegeln". Eine mögliche Quelle für dieses Konzept einer theologischen Endgültigkeit ist der neutestamentliche Hebräerbrief, der in vielfacher Weise judenchristliche Fragestellungen aufgreift. Dieser Brief beginnt folgendermaßen: „Viele Male und auf vielerlei Weise hat Gott einst zu den Vätern gesprochen durch die Propheten; in dieser

---

37 Roncaglia 1971, S. 105.
38 Unter den im Koran erwähnten „Sabäern/Sabiern" wird man sich eine „Täufersekte nach Art der Mandäer im Süden des Iraq" (Bernhard Maier, Koranlexikon. Kröner: Stuttgart 2001, S. 145) vorzustellen haben, die gleich Muslimen, Juden und Christen „an Gott und den Jüngsten Tag glauben" (vgl. Suren 2,62 und 5,69).
39 Sure 33,40: „Mohammed ist nicht der Vater eines eurer Männer, sondern der Gesandte Allahs und das Siegel der Propheten; und Allah hat volle Kenntnis aller Dinge."

Endzeit aber hat er zu uns gesprochen durch den *Sohn*..."
(Hebr 1,1–2). Selbst wenn das Konzept einer endgültigen
Besiegelung vorangegangener Traditionen auch manichäische Ursprünge[40] haben könnte, trägt es also – wie aus dem
Hebräerbrief-Zitat deutlich wird – eine judenchristliche
Handschrift. In jedem Fall ist der Gedanke einer endgültigen Besiegelung vorangegangener Offenbarungen kein
koranisches Novum.

Dabei ist zu beachten, dass die Abhängigkeit von den
Quellen oft weniger eine unmittelbar textliche ist, sondern
eher eine „forma mentis", also ein bestimmtes Denkmuster.
Dieses hat im semitischen und mit hoher Wahrscheinlichkeit
im judenchristlichen Kontext seine Wurzeln.[41]

Eine weitere judenchristliche Spur im Koran ist das Motiv
der Herabsendung des Wortes Gottes durch einen Engel.[42]

---

40 Vgl. Roncaglia 1971, S. 108.
41 Dieser Mangel an unmittelbaren textlichen „Beweisen" für den
Begriff „Siegel des Propheten" im Judenchristentum veranlasste
etwa Colpe, seinen Ursprung entweder im Judenchristentum
oder aber auch im Manichäismus zu suchen, wo er sich als
solcher tatsächlich findet: „Es ist gut möglich, dass Mani den
Ausdruck für sich selbst geprägt hat, und dass Mohammed
ihn für sich übernahm. Manichäer in seiner Umgebung, von
denen er den Begriff kennengelernt und sich zur konkurrierenden Überbietung herausgefordert gefühlt haben könnte,
sind inzwischen bekannt." (Colpe 2006, S. 203f.). Vgl. dazu
den folgenden Abschnitt 1.3 über die manichäischen Elemente
im Koran.
42 Sure 5, 48: „Wir haben dir [= Muhammad] das Buch
[Kitab = Qur'an] hinabgesandt mit der Wahrheit, als Erfüllung dessen, was schon in dem Buche war, und als Wächter
darüber."

Ein ähnlicher Gedanke findet sich beim judenchristlichen Propheten Elkasai.[43] Auch wenn dieses Motiv biblische Wurzeln hat (vgl. etwa die Verkündigungsszene in Lk 1), hat es im Judenchristentum eine spezifische Ausprägung gefunden. Ähnliches gilt für die Erwartung eines neuen Mose im Koran. Diese ist wahrscheinlich nicht direkt durch die entsprechende Stelle im Deuteronomium[44], sondern über eine judenchristliche Vermittlung in den Koran gekommen. In judenchristlichen Schriften spielte dieses theologische Motiv eine prominente Rolle.

Der Vorwurf der Schriftverfälschung

Auch die koranische Lehre von der „Verfälschung der Schrift" – eine häufige Polemik im Koran gegen Juden und Christen – stammt höchstwahrscheinlich aus einem judenchristlichen Kontext bzw. aus den polemischen Auseinandersetzungen rund um dieses Judenchristentum.[45] So schreibt etwa Bischof Epiphanius von Salamis (320–403) über die judenchristlichen Ebioniten: „Sie lassen das Matthäusevangelium zu, das einzige, das sie verwenden, und das sie Hebräerevangelium nennen. Dieses Matthäusevangelium, das sie besitzen, ist nicht vollständig, sondern verfälscht und verstümmelt."[46] Interessanterweise ist hier von nur *einem*

---

43 Vgl. Hippolyt von Rom, *Elenchos* IX, 13–15; zitiert in: Roncaglia 1971, S. 111.

44 Dtn 18,15: „Einen Propheten wie mich wird dir der Herr, dein Gott, aus deiner Mitte, unter deinen Brüdern erstehen lassen."

45 Näheres zur antijüdischen Polemik des Korans in Kapitel 2 dieses Buches.

46 Epiphanius, *Panarion* XXX, 3, 13. Zitiert in: Roncaglia 1971, S. 121.

Evangelium die Rede, was als Bezeichnung auch im Koran wiederkehrt, denn dieser kennt nicht *vier* Evangelien, sondern nur das *eine* Evangelium, auf Arabisch *Injil*. Auch in den judenchristlichen *pseudoklementinischen* Homilien findet sich, ebenso wie im Koran, der an die Gegner gerichtete Vorwurf der Schriftverfälschung. Dementsprechend einig sind sich Judenchristen und Muslime denn auch bezüglich der „Notwendigkeit, die hebräischen Schriften wiederherzustellen."[47] Beim Streit um die Schriftverfälschung dürften auch Differenzen zwischen verschiedenen Handschriften eine Rolle gespielt haben.

Die Frage nach den Wurzeln dieses Vorwurfs ist nicht nur von historischem Interesse. Sie ist vor allem deswegen höchst brisant, weil der Koran diesen Vorwurf einer bewussten *inhaltlichen* Verfälschung festgeschrieben hat. Das hat Auswirkungen auf das Bild, das sich viele Muslime von Juden und Christen machen („Schriftverfälscher").

Identifizierbare Elemente

Die judenchristlichen Elemente im Koran sind ein Hinweis darauf, dass „die muslimischen Konvertiten der ersten Stunde zum Teil aus diesen sektiererischen ebionitischen Kreisen stammten. Ihre religiösen Lehren bezogen sie aus einer reichhaltigen Literatur."[48] Eine besondere Rolle spielten dabei die sogenannten *Kerygmata Petrou*, also die „Verkündigungen des Petrus". Dort findet sich das Motiv eines „erwarteten Propheten" ebenso wie die Charakterisierung „von Adam als erste Inkarnation des wahren Propheten und als sündelos"[49].

---

47 Roncaglia 1971, S. 121f.
48 Roncaglia 1971, S. 117.
49 Roncaglia 1971, S. 118.

Auch eine deutliche antitrinitarische Tendenz ist in dieser Schrift enthalten, ebenso wie häufig im Koran. Allerdings sind die Grenzen zu damaligen *jüdischen*, also nicht spezifisch juden*christlichen* Schriften fließend, wo ebenfalls antitrinitarische Ausführungen anzutreffen sind. Eine Anleihe beim Judenchristentum könnte auch die Gebetsrichtung nach Jerusalem sein, worauf der judenchristliche Führer Elkasai seine Anhänger verpflichtete[50] – ebenso wie Muhammad während der frühen medinischen Periode. Vielleicht kann man sogar im islamischen Verbot des Weines einen judenchristlichen Ursprung vermuten, denn Elkasai schrieb für die Liturgie die Verwendung von Wasser anstelle von Wein vor.[51]

Die Relevanz der Frage nach judenchristlichen Einflüssen

Heute sind die judenchristlichen Gruppen, die jahrhundertelang bis in die Entstehungszeit des Korans hinein existierten, aus dem Licht der Geschichte verschwunden. Sie wurden im Konflikt zwischen Judentum und Christentum zerrieben und ihre Reste gingen im entstehenden Islam auf. Heutige Gruppen, die dieses Erbe für sich beanspruchen, sind eher dem evangelikalen Spektrum zuzuordnen.[52]

Es wäre allerdings zu kurz gegriffen, wenn man die Einflussnahme judenchristlichen Gedankenguts auf den Koran nur als abgeschlossenes historisches Faktum betrachten

---

50 Vgl. Roncaglia 1971, S. 119.
51 Vgl. Roncaglia 1971, S. 120.
52 Vgl. dazu die Ausführungen zu den *messianischen Juden* bei: Kutschera, Rudolf: Das Heil kommt von den Juden (Joh 4,22). Untersuchungen zur Heilsbedeutung Israel. Peter Lang: Frankfurt a. M. 2003, S. 323–340.

würde. Das hier zutage tretende theologische Thema ist der dramatische Verlust einer gemeinsamen Interpretationsbasis der *identischen* biblischen Geschichte zwischen Juden und Christen. Genau in diesem Umfeld ist der Koran entstanden und er hat auf diesen zerbrochenen Elementen und in bewusster Absetzung von diesem jüdisch-christlichen Spalt seine eigene Botschaft aufgebaut.

Dass judenchristliche Spuren im Koran erhalten geblieben sind, führt zu zwei wichtigen theologischen Anfragen: Würde ein neues Verstehen zwischen Christentum und Judentum auch die Möglichkeit eröffnen, den Koran und den Islam gemeinsam *theologisch* zu „beantworten"? Und damit verbunden: Wäre die auffallende Präsenz judenchristlicher Elemente im Koran nicht ein Anlass für Juden und Christen, vermehrt nach einer gemeinsamen Interpretation der biblischen Botschaft zu suchen?

1.3. Manichäische Elemente

Der Manichäismus im Umfeld des entstehenden Islam

Manichäische Spuren im Koran sind weniger durch unmittelbare Textparallelen nachweisbar als vielmehr durch die Ähnlichkeit koranischer und manichäischer Lehren. Der Religionsstifter Mani (216–276) hatte großen Einfluss sowohl im Westen des Römischen Reiches – der Kirchenvater Aurelius Augustinus war zeitweise Manichäer – als auch im östlichen Teil und darüber hinaus, also im Umfeld des entstehenden Islam. Mani selbst „wuchs in der judenchristlichen Täufergemeinde der Elkesaiten auf"[53] und transformierte die von ihm vorgefundenen judenchristlichen Elemente. Ganz in der

---

53 Eintrag zu Mani/Manichäismus. In: Lexikon für Theologie und Kirche. Band 6. Herder: Freiburg 2009, S. 1266.

Tradition der Judenchristen vertrat er den Anspruch, „die wahre Lehre" wiederherzustellen. Der Manichäismus ist gekennzeichnet durch einen strikten Dualismus sowie durch diverse gnostische Elemente („Erlösung durch Erkenntnis").

Während der Manichäismus aufgrund heftiger Verfolgungen durch das byzantinischen Reich im Laufe des 6. Jahrhunderts ausgelöscht wurde, setzte er sich im (persischen) Sassanidenreich bis zu dessen Islamisierung fort. Reste davon blieben in bestimmten zentralasiatischen Regionen sogar bis ins 16. Jahrhundert hinein lebendig.[54]

Manichäische Textanklänge im Koran

Bestimmte Suren legen den Schluss nahe, dass die Koranautoren Kenntnis auch von der manichäischen Verkündigung hatten.[55] Für den Manichäismus ist typisch, dass es nicht so etwas wie eine Urform gab, die als starres Prinzip weitertradiert worden wäre. Dementsprechend kann der Manichäismus, wie der ungarische Islamgelehrte Róbert Simon festhält, nur adäquat „verstanden werden, wenn man den *Prozess des Werdens* untersucht, der sich sogar auf Manis Gedankengebäude bezieht, das immer im Zustand von Entstehung und Veränderung war. Es ist diese Neigung, neue Ideen zu übernehmen und sie zu vervollkommnen, weswegen Mani und Muhammad in der Religionsgeschichte berechtigterweise miteinander verglichen werden können. In dieser Hinsicht sind sie nämlich in geistiger Hinsicht wahrhaft kongenial."[56]

---

54 Vgl. dazu Fußnote 53, S. 1268f.
55 Während eine aktive Präsenz auf der arabischen Halbinsel schwer nachzuweisen ist, strahlte der Manichäismus von Mesopotamien aus auf diese Region aus und war besonders unter Händlern populär (vgl. Fußnote 15: Simon 1997, S. 132).
56 Simon 1997, S. 125.

Simon betont daher vor allem die Strukturähnlichkeit dieser beiden Religionen: „Sie sind auch miteinander vergleichbar, insofern sie den Anspruch erheben, alle früheren Religionen zu umfassen und deren Aufgipfelung und Höhepunkt zu sein."[57] Wichtig sind also nicht so sehr textliche Übereinstimmungen, sondern die Parallelität in der außergewöhnlichen „Kombinationsfähigkeit" dieser beiden Religionen. So kann man bei der Glaubensentwicklung Muhammads die Veränderung von einer mehr asketischen, weltverneinenden ersten Mekka-Phase zu einer mehr weltbejahenden Einstellung in Medina beobachten. Aus dieser medinischen Phase, in der er die praktischen Aspekte eines Gemeinwesens zu organisieren hatte, stammt dann seine strenge Ablehnung von Weltverneinung.[58]

Inhaltliche Konvergenzen und eine Divergenz

Abgesehen von dieser Strukturähnlichkeit lassen sich auch *inhaltliche* Konvergenzen zwischen Manichäismus und Islam feststellen.[59] Das Auffallendste ist die Vorstellung in beiden Religionen, dass es am Anfang „nur *eine* authentische und universale Religion gegeben hat, welche aufgrund verschiedener Probleme entweder verfälscht wurde oder in Sekten zersplittert ist."[60]

---

57 Simon 1997, S. 125.
58 Vgl. dazu etwa die Surenverse 6,76–79.
59 Dass Róbert Simon in seiner Untersuchung insgesamt vorsichtig argumentiert, macht seine Ergebnisse umso glaubhafter. Er listet auch genau die inhaltlichen Differenzen auf, wie etwa den (manichäischen) Dualismus versus den (islamischen) strikten Monotheismus, die islamische Vorstellung von der Erschaffung der Welt durch Gott/Allah, während der Manichäismus keine solche Vorstellung kennt: Die Welt als solche wurde dort als böse betrachtet und abgelehnt. Vgl. dazu: Simon 1997, S. 127f.
60 Simon 1997, S. 133.

Dementsprechend verstehen sich sowohl der Manichäismus als auch der Islam als Universalreligion, die durch Mission zu verbreiten ist. Von Mani ist ein Textzitat erhalten geblieben, das auch von Muhammad stammen könnte: „Die ursprünglichen Religionen waren in einem Land und in einer Sprache. Aber meine Religion ist dergestalt, dass sie in jedem Land und in jeder Sprache offenbar wird und in weit entfernten Ländern gelehrt werden wird."[61] Ganz analog zu diesem Universalanspruch im Manichäismus definiert Sure 30,30 die eigene Religion als eine singuläre „Religionsquelle": „Und nun richte dein Antlitz auf die Religion, im rechten Glauben [= Islam], als göttlicher Begabung, mit welcher er die Menschen schuf! Keinen Ersatz gibt es für die Schöpfung Allahs. Das ist die Religion, die Bestand hat."

Eine weitere Parallele besteht in der manichäischen Lehre von einer bestimmten Prophetenreihe, ähnlich wie im Judenchristentum. Als deren Höhepunkt galt Mani selbst – wie dementsprechend im Islam Muhammad. Bereits Mani hatte sich als das „Siegel der Propheten" verstanden.[62] Auch die Lehre von der Verfälschung der ursprünglichen Religion sowie der Impetus zur Wiederherstellung dieser ursprünglichen Religion stellen Parallelen zwischen Manichäismus und Islam dar. Kurz: Der Manichäismus lieferte wesentliche Denkkategorien, anhand derer der entstehende Islam seine eigenen Lehren entwickeln konnte.

Allerdings gibt es einen wesentlichen Unterschied: Das islamische Konzept des Jihad zur Verbreitung der eigenen Lehre war dem Manichäismus unbekannt. Sich fremdes religiöses Gedankengut anzueignen und dieses zu einer schlagkräftigen politisch-militärisch-religiösen Ideologie umzuformen, ist von daher ein Novum des Islam.

---

61 Zitiert bei: Simon 1997, S. 134.
62 Vgl. die entsprechenden Belegstellen bei Simon 1997, S. 136.

1.4. Weitere Einflüsse auf Koran und entstehenden Islam

Die Einheit von Politik und Religion im byzantinischen Reich

Angesichts des drohenden Zerfalls des römischen Reiches hatte bereits Kaiser Konstantin (272–337) die christliche Kirche als einheitsstiftende Kraft entdeckt und entsprechend zum Teil seiner Politik gemacht.[63] So war das erste Konzil von Nizäa (325) von diesem Kaiser zusammengerufen und geleitet worden. Persönlich waren für Kaiser Konstantin dabei wohl kaum spezifisch theologische Motive ausschlaggebend. Abgesehen von pragmatischen politischen Überlegungen („Wie ist die Reichseinheit aufrechtzuerhalten?") war er selbst primär vom neuplatonischen Einheits-Denken beeinflusst. Dieses wird etwa in einer Rede an christliche Bischöfe deutlich, in der er betonte, dass dem über dem Sein stehenden Gott und seiner Herrschaft allein alles unterworfen ist.

Damit bahnte sich eine Einheit von Staat und christlicher Kirche an, die später im byzantinischen Reich ihre volle Ausgestaltung finden sollte, verkörpert im oströmischen Kaiser Justinian I. (482–565). Er gilt als Architekt des Staatskirchentums in Byzanz, was bedeutete, dass sich der Kaiser theologisch als Stellvertreter Gottes auf Erden betrachten konnte. Allerdings war damit ein gnadenloses Vorgehen gegen alles verknüpft, was sich dieser Einheit von Staat und Kirche entgegenstellte. So ging dem von Justinian initiierten Bau der Hagia Sophia in Konstantinopel die Niederschlagung des

---

63 Dieser Abschnitt verdankt sich weitgehend dem Patrologen Dr. Arnold Stötzel und seinen Überlegungen in: Verstehen der jüdisch-christlichen Offenbarung angesichts des Islam. In: Heute in Kirche und Welt 1/2002 & 2/2002. Bad Tölz 2002, S. 4–5.

sogenannten Nika-Aufstandes im Jahr 532 voraus, bei dem auf Befehl des Kaisers etwa 30.000 Menschen niedergemetzelt worden waren. Glühende Religiosität und kalter Terror wohnten also gewissermaßen Tür an Tür.

Allerdings war diese Einheit von Staat und Religion eine Selbstverständlichkeit jeder antiken Staatsform. Neu war, dass nun auch das Christentum dafür verwendet wurde – es war ja keineswegs als „Staatsreligion" angelegt gewesen, wenn man das Leben und die Verkündigung Jesu als Maßstab betrachtet.

Im Jahr 570, also fünf Jahre nach dem Tod Justinians, wurde Muhammad geboren. Es ist davon auszugehen, dass Muhammad auf seinen ausgedehnten Handelsreisen mit dem byzantinischen Reich sowie dessen Identität von Staat und Religion in Berührung kam und davon mit beeinflusst wurde.

Innerchristliche theologische Abspaltungen

Der Islam entstand genau zu der Zeit, als dramatische innerchristliche Auseinandersetzungen und Klärungen stattfanden. Es waren vor allem die monophysitischen und nestorianischen Richtungen des Christentums, die auf den Konzilien von Ephesus (431) und Chalzedon (451) verurteilt worden waren und sich in deren Gefolge abspalteten. Auf diesen Konzilien wie auf den vorangegangenen in Nizäa (325) und Konstantinopel (381) ging es um Grundfragen des christlichen Glaubens: Wie kann das jüdische Bekenntnis zu dem einen Gott bewahrt und gleichzeitig das Neue seit dem Neuen Testament – also die Person Jesu Christi, die von ihm gegründete Kirche und die von ihr ausgehende Erlösung und Heiligung des Lebens – verstanden und gelebt werden?

Die Klärungen brachten Unterscheidungen und Trennungen mit sich, die auch politische Konsequenzen hatten: Wer mit dem Glauben des Kaisers nicht übereinstimmte, war nicht nur ein Häretiker oder Schismatiker, sondern auch ein Feind des Reiches. Solche Zwangseinheit führte zu immer neuen Spannungen im Reich und steigerte das Streben nach Unabhängigkeit. Christen, die sich diesem Zwang nicht beugen wollten, wanderten aus und begaben sich in den Schutz der Perser außerhalb des römischen Reiches oder missionierten auf der arabischen Halbinsel. Syrien, Palästina und Ägypten versuchten, ganz von Byzanz loszukommen und sahen später im Islam den willkommenen Befreier. Neben eine armenische Kirche, die sich schon seit dem Beginn des 4. Jahrhunderts gebildet hatte, traten eine jakobitische Kirche in Syrien und eine nestorianische in Persien.

Diese kirchenpolitisch zerrissene Gesamtlage bildet den Hintergrund für die koranische Deutung der innerchristlichen Spaltungen im Surenvers 5,14: „Auch von denen, die sagen: Wir sind Nazoräer [also: Christen], haben wir [= Allah] die Verpflichtung abgenommen. Aber sie vergaßen Teile, durch die sie gemahnt wurden. Da erregten wir unter ihnen Hass und Feindschaft bis zum Tag der Auferstehung." Damit sagt der Koran also: Weil die Christen der Botschaft Jesu untreu wurden, sei Zwietracht unter ihnen ausgebrochen. Diesen Zustand stellt der Surenvers 3,105 den Muslimen zur Abschreckung vor Augen: „Seid nicht wie diejenigen, die sich gespalten haben und uneins geworden sind, nachdem die deutlichen Zeichen zu ihnen gekommen sind."

Die Vorstellung, dass es ein sogar jahrhundertelanges Ringen um die Wahrheit gibt, hat hier keinen Platz. Der Verlust von Glaubenseinheit – in der Tat eine Tragik innerhalb des Christentums bis heute – ist in dieser Optik eine Bestätigung des muslimischen Anspruchs.

Eine bedeutsame christliche Abspaltung, ausgelöst von der Frage nach dem Wesen Jesu Christi, war der von viel Polemik umgebene Nestorianismus. Dieser war überzeugt – analog zu den Konzilien von Ephesus (431) und Chalzedon (451) –, dass Jesus zwar zwei Naturen hatte, aber dass diese – im Gegensatz zu den beiden Konzilien – nicht in einer Person und einem „Stoff" vereint seien. Nestorius lehrte also, dass Jesus der „der vom Logos angenommene Mensch ist, in dem dieser wie in einem Tempel wohnt."[64]

In welchem Verhältnis steht diese christliche Abspaltung zu koranischen Gedanken?

Theologische Analogien zum Nestorianismus

Obwohl eine direkte Abhängigkeit des Korans von nestorianischen Quellen kaum nachzuweisen ist – lange Zeit war das ein polemischer Vorwurf von christlichen Theologen an den Islam – gibt es erstaunliche inhaltliche Analogien. Nicht nur die Nestorianer, sondern auch der entstehende Islam lehnten den kirchlichen Glauben der Konzilien von Ephesus (431) und Chalzedon (451) ab.

Im Jahr 612, also etwa zeitgleich mit dem „Berufungserlebnis" Muhammads (im Jahr 610), traf sich der persische König Kosroes mit den christlich-nestorianischen Bischöfen und Mönchen seines Landes zu einem Religionsgespräch. Die Perser, gewissermaßen die Erbfeinde von Byzanz, waren die Schutzherren der Nestorianer geworden. Bei jenem Treffen

---

64 Das ist eine von Nestorius (381–451) benutzte typische Formel der „antiochenischen Schule", der er selbst entstammte, bevor er Patriarch von Konstantinopel (428–431) wurde; zitiert in: Nestorius/Nestorianismus. In: Lexikon für Theologie und Kirche. Band 7. Herder: Freiburg 2009, 747. Die auch heute noch existierenden nestorianischen Kirchen bekennen die Christologie des Nestorius in der Formel: „zwei Naturen, zwei Hypostasen, eine Person in Christus." (in: Lexikon für Theologie und Kirche, ebd.).

sollten Fragen behandelt werden wie: „Sind die Nestorianer abgewichen von den Fundamenten des Glaubens?" und „Hat Maria Christus geboren oder Gott?" Der Antworttext der Nestorianer beginnt mit einem emphatischen Bekenntnis zur Einzigkeit Gottes:

„Wir glauben an eine göttliche Wesenheit. Sie ist ewig, ohne Beginn. Lebendig, alles belebend. Mächtig, alle Mächte erschaffend. Reiner Geist. Unendlich, unfassbar. Nicht zusammengesetzt und ohne Teile. Unkörperlich. Unsichtbar und unwandelbar. Leidensunfähig und unsterblich. Weder durch sie [= die göttliche Wesenheit] noch durch andere noch mit anderen kann Leiden und Änderung eintreten."[65]

Obwohl einen solchen Text auch byzantinische, also orthodoxe Autoren hätten schreiben können, fällt doch auf, dass mit der Betonung des Monotheismus eine bestimmte Starrheit einhergeht. Jedenfalls war es mit dem nestorianischen Verständnis unvereinbar, dass der „Logos Gottes" auch Mensch *werden* könnte, es also im Zusammenhang mit Gott eine reale geschichtliche Entwicklung gäbe. Wenn die nestorianischen Bischöfe den Monotheismus verteidigen, gebrauchen sie für ‚Gott' das syrische Wort ‚Allah'. Einer der nestorianischen Theologen hatte um die Wende vom 6. zum 7. Jahrhundert – also zur Lebenszeit Muhammads – die theologische Position des Nestorianismus folgendermaßen zusammengefasst: „Der Messias, Marjams Sohn, ist nicht Gott/Allah. Wenn Maria

---

[65] Zitiert aus: Abramowski, Luise et al. [Hrsg.]: A Nestorian Collection of Christological Texts. Volume I, Syriac Text; Volume II, Introduction, Translation and Indexes. Cambridge University Press: Cambridge 1972, hier: A Nestorian Collection I, S. 150f. (Originaltext), II, S. 88f. (englische Übersetzung).

eines Menschen Mutter ist, dann ist sie nicht, kann sie nicht Mutter Gottes sein."[66]

Ganz analog zu dieser nestorianischen Sicht formuliert etwa Sure 5,17: „Ungläubig sind diejenigen, die sagen: ‚Gott ist Christus, der Sohn der Maria.' Sag [= eine Aufforderung Allahs an den Propheten]: Wer vermöchte gegen Gott etwas auszurichten, falls er (etwa) Christus, den Sohn der Maria, und seine Mutter und (überhaupt) alle, die auf der Erde sind, zugrunde gehen lassen wollte? Gott hat die Herrschaft über Himmel und Erde und (alles) was dazwischen ist. Er schafft, was er will und er hat zu allem die Macht."

Der solchermaßen vorgestellte Allah kann jedenfalls mit Menschen als echten *Partnern* keine Geschichte eingehen und dementsprechend auch keinen „Menschen-Sohn" neben sich dulden. Wiederholt wird im Koran daher das christliche Gottesbild scharf zurückgewiesen, so etwa in Sure 5,72: „Wer Allah andere Götter beigesellt, dem hat Allah (von vornherein) den Eingang in das Paradies versagt. Das Höllenfeuer wird ihn (dereinst) aufnehmen. Und die Frevler haben (dann) keine Helfer."

Das Gottesbild des Islam und des Nestorianismus fand im Gegensatz zur Entwicklung im christlichen Westen keinen Weg zur Ausgestaltung des Person-Begriffes. Erstaunlicherweise wurden nämlich gerade anhand des jahrhundertelangen kirchlich-theologischen Nachdenkens über das Wesen Jesu dieser Begriff und die mit dem Person-Sein verbundene Würde entdeckt. Dies ist im alten liturgischen Tagesgebet von Weihnachten wie in einem Brennspiegel zusammengefasst: „Gott, du hast die Würde der menschlichen Wesenheit wunderbar erschaffen und noch wunderbarer wiederhergestellt. Gewähre

---

66 Zitiert aus: A Nestorian Collection II (vgl. Fußnote 65), S. XXXIV.

uns, wir bitten, der Gottheit dessen zugesellt zu werden, der sich gewürdigt hat, Teilhaber unserer Menschheit zu sein."

Einflüsse aus antik-römischem Rechtsdenken

Ähnlich wie bei den vorangehend skizzierten Analogien zum Nestorianismus lassen sich auch bei diesen Einflüssen aus dem antik-römischen Rechtsdenken keine direkten Beeinflussungen nachweisen. Sehr wohl gibt es aber inhaltliche Konvergenzen, was sich beim Thema Universalitätsanspruch sowie den Regelungen zu Krieg und Frieden zeigt.[67]

Der universale Herrschaftsanspruch im antik-römischen Denken zeigt sich exemplarisch in einem Ausspruch des römischen Politikers und Philosophen Marcus Tullius Cicero (106–43 v. Chr.): „Es gibt in der Tat ein wahres Gesetz, nämlich die rechte Vernunft, die in Übereinstimmung mit der Natur steht, auf alle Menschen anwendbar, unwandelbar und ewig ist... Sie legt nicht eine Regel in Rom und eine andere in Athen fest, noch wird es eine Regel heute und eine andere morgen geben. Nein, es wird ein ewiges und unwandelbares Gesetz geben, das alle Zeiten und alle Völker umfasst."[68]

Analog dazu gilt im Islam, dass die ganze Welt der Bereich Allahs ist. Das tritt etwa in Sure 2,107 in Form einer rhetorischen Frage zutage: „Weißt du denn nicht, dass Allah die Herrschaft über Himmel und Erde hat? Außer ihm habt ihr weder Freund noch Helfer." Im Dienste Allahs zu stehen, *kann* folglich sowohl für den einzelnen Muslim als auch für einen

---

67 Die folgenden Ausführungen stützen sich im Wesentlichen auf die langjährigen Untersuchungen von Majid Khadduri (1909–2007) zum islamischen Recht, im Besonderen zum Thema Krieg und Frieden: Khadduri Majid, War and Peace in the Law of Islam. The Lawbook Exchange: Clark/New Jersey 2006.

68 Zitiert bei: Khadduri 2006, S. X.

islamischen Staat nichts anderes bedeuten, als diese Weltherrschaft Allahs anzuerkennen und ihr zum Durchbruch zu verhelfen. Seit der Niederlage bei Tours (732) kamen frühislamische Rechtsgelehrte jedoch zu der Einsicht, dass die Welt in zwei Bereiche aufgeteilt ist: den dār al-Islām (Wohnstätte/ Haus des Islam) einerseits und den dār al-ḥarb (Wohnstätte/ Haus des Krieges) andererseits. Das „Haus des Islam" ist das Territorium unter muslimischer Herrschaft, wo die Angehörigen der tolerierten Religionen (die dhimmīs) die Kopfsteuer (jizya) zahlen.[69] Das „Haus des Krieges" umfasst alle Gebiete außerhalb islamisch dominierten Territoriums. Von da aus gesehen ist das „Haus des Islam" von seinem grundsätzlichen Verständnis her immer in Auseinandersetzung mit dem „Haus des Krieges", denn allein dessen Existenz widerspricht dem Anspruch auf die weltweite Anerkennung Allahs.

Daraus folgt logischerweise die *Notwendigkeit* von Kampf. Auf politischer Ebene ist der religiös begründete „Jihad" gegen das „Haus des Krieges" folglich das reguläre Instrument islamischer Staaten, die ganze Welt in dieses „Haus des Friedens" zu verwandeln. Dies ist allerdings aus rein praktischen Gründen nicht immer möglich, weswegen es auch Phasen der Nicht-Kriegsführung gibt.[70]

---

69 Vgl. dazu Sure 9,29: „Kämpft gegen diejenigen, die nicht an Allah und den jüngsten Tag glauben und nicht verbieten, was Allah und sein Gesandter verboten haben, und nicht der wahren Religion angehören – von denen, die die Schrift erhalten haben – (kämpft gegen sie), bis sie kleinlaut aus der Hand Tribut entrichten!".

70 Diese Intervalle, in denen rechtlich geregelte Methoden, vor allem Verhandlungen und Friedensschlüsse zur Anwendung kommen, dürfen allerdings 10 Jahre nicht überschreiten. Wenn sich nach 10 Jahren herausstellt, dass die Wiederaufnahme der

Jihad, was ursprünglich „Anstrengung" im weitesten Sinn bedeutet, ist ein mehrdeutiger Begriff. Islamische Rechtsgelehrte unterteilen den Begriff Jihad deswegen in insgesamt vier Bereiche: „Mit dem Herzen, mit seiner Zunge, mit seinen Händen und mit dem Schwert. Der erste bezieht sich darauf, mit dem Teufel zu kämpfen sowie zu versuchen, seiner Überredung zum Bösen zu entkommen. Diese Art von Jihad, der für den Propheten Muhammad so wichtig war, wurde als der größere Jihad betrachtet. Der zweite und dritte Bereich [mit der Zunge und mit den Händen] werden dadurch erfüllt, dass man das Richtige unterstützt und das Falsche korrigiert. Der vierte Bereich entspricht genau der Bedeutung von Krieg. Er betrifft das Bekämpfen der Ungläubigen und der Feinde des Glaubens. Die Gläubigen sind verpflichtet, ihren Besitz und ihr Leben für die Kriegsführung zu opfern."[71]

Die *kollektive* Verpflichtung zum Kriegs-Jihad bedeutet allerdings, dass sie nicht notwendigerweise von *allen* Gläubigen erfüllt werden muss. Das ist aus rein praktischen Gründen weder möglich noch wünschenswert. Zugleich hat diese *kollektive* Verpflichtung jedoch zur Folge, dass es zur Verantwortung staatlich-religiöser Autoritäten gehört, ob und wann ein solcher Kriegs-Jihad ausgerufen wird. Im Prinzip gilt der Grundsatz: „Die Existenz eines Dar al-harb [„Kriegsbereich", also ein von Nicht-Muslimen regierter Teil der Welt] ist letztlich in der islamischen Rechtsordnung ausgeschlossen, der Dar al-Islam [der muslimisch regierte Teil der Welt] ist beständig unter der Kriegs-Jihad-Verpflichtung bis sich der Dar al-harb in die Nicht-Existenz auflöst [...]. Der

---

regulären Kriegsführung nicht durchführbar ist, dann wird eine weitere 10-jährige Waffenstillstandsperiode ausgerufen.
71 Khadduri 2006, S. 56f.

Universalismus des Islam in seinem allumfassenden Glauben legt sich auf die Gläubigen als ein beständiger Prozess der Kriegsführung, psychologisch und politisch, wenn nicht ausdrücklich militärisch."[72] Dieser grundsätzliche Zustand kann ruhen, er kann aber auch jederzeit neu ausgerufen werden. Unter Einbeziehung zahlreicher Quellen kommt Khadduri deswegen zu dem Schluss, dass muslimische Rechtsgelehrte wie ihre römischen Vorfahren das Prinzip verfolgten: *„Si vis pacem, para bellum"* (Wenn Du Frieden willst, bereite den Krieg vor).

Wenn man sich fragt, woher in diesem Zusammenhang die Auffassung von einem „heiligen Krieg" stammt, wird man eine auffallende Parallele zum römischen Rechtsdenken finden, denn „sowohl im Islam als auch im alten Rom, sollte der Krieg nicht nur gerecht (*justum*) sein, sondern auch heilig (*pium*), also in Übereinstimmung mit der Bestimmung der Religion und auf die angenommene Anweisung der Götter hin."[73] Universaler Anspruch und die Vorstellung von „heiligem Krieg" („bellum pium") waren also bereits im römisch-antiken Denken präsent. Es war also geradezu selbstverständlich, dass diese Denkformen auch in den Koran – zumal als Text der Spätantike – und den entstehenden Islam eingeflossen sind.

Was hat nun der Koran aus all diesen Quellen gemacht, worin liegt seine spezifisch muslimische Ausrichtung?

---

72 Khadduri 2006, S. 64.
73 Khadduri 2006, S. 57.

1.5. Der spezifisch islamische Akzent

Traditionelle Urteile christlicher Theologen zum Koran

Das Bild vom Koran war im Laufe der christlichen Theologiegeschichte über Jahrhunderte hinweg von einem Vergleich mit Bibel und christlicher Dogmatik geprägt. So beschreibt etwa Johannes Damaszenus (ca. 650–ca.750) – ein Zeitgenosse der Koran-Entstehung – den Islam „als die letzte der altkirchlichen Häresien."[74] Thomas von Aquin wirft in der *Summa contra Gentiles* Muhammad vor: „Alle Belege des Alten und Neuen Testaments entstellt er durch fabelndes Erzählen, wie dem deutlich wird, der sein Gesetz liest."[75] Nikolaus Cusanus (1401–1464) unternahm in seiner Schrift *Cribratio Alkorani* („Sichtung des Koran") sieben Jahre nach dem Fall von Konstantinopel den Versuch, „den Koran auf seinen biblischen Gehalt hin [zu] ‚sichten' und [zu] ‚sieben', um [...] den Islam als christliche Häresie zu brandmarken."[76] Im Zuge des sogenannten „Basler Koranstreits" im Jahr 1543, bei dem es um den ersten Korandruck in lateinischer Sprache ging, vertrat der protestantische Herausgeber und Befürworter dieses Drucks, Theodor Bibliander (1505–1564), die Auffassung, „im Koran werde im Grund nichts Neues gelehrt: Alles sei bei den christlichen Ketzern auch schon einmal vertreten worden."[77]

Diese Urteile sehen den Koran als fehlgeleitete, einem innerchristlichen Kontext entstammende Schrift. Damit verband sich über lange Zeit die Einschätzung, dass der Koran

---

74 Maier, Bernhard: Koran-Lexikon. Kröner: Stuttgart 2001, 95.
75 Thomas von Aquin, *Summa contra Gentiles*, Buch I, Kapitel 6.
76 Maier, 2001, S. 126.
77 Martin Wallraff, *Vorwort*, S. X, in: Neuwirth, Angelika: Koranforschung – eine politische Philologie? De Gruyter: Berlin 2014.

schlicht ein christliches *Plagiat* ist. Grundsätzlich war in der Antike die In-Anspruchnahme vorfindlicher, mit Autorität versehener Texte noch kein kritikwürdiges Vorgehen. Heute verbindet sich mit diesem Ausdruck der Vorwurf von Anmaßung fremden geistigen Eigentums.[78]

Eine reine Wiedergabe vorhandener Quellen *allein* hätte den Islam allerdings nicht zu dem gemacht, was er heute ist. Deswegen ist an dieser Stelle nach dem islamischen Spezifikum im Koran zu fragen. Mit anderen Worten: Worin besteht das spezifisch islamische *Mehr* gegenüber seinen Quellen?

Die Verschmelzung von Poesie und Überlegenheitsbewusstsein

Dem westlichen Leser ist im Regelfall nicht bewusst, welch herausragende *kulturelle* Bedeutung der Koran hat. Er nimmt eine einzigartige Stellung innerhalb der arabischen Sprache und Kultur ein. Der Koran ist *die* Spitzenleistung arabischer Literatur und *der* Höhepunkt arabischer Poesie, und damit bis heute der primäre Referenzpunkt dieser Sprache. Insbesondere der Klang und die Poetik der Suren versetzt den arabisch sprechenden Leser oder Hörer häufig in eine Art von Verzückung, und er ist sich der Gegenwart Allahs in diesen Momenten intensiv bewusst. Die Rezitation von Koransuren verbindet sich dabei häufig mit einer Art von Überlegenheitsrausch, denn der Inhalt der Suren legt ja immer wieder nahe, sich im Gegensatz zu den vorangegangenen Traditionen im vollendeten Besitz göttlicher Wahrheit zu befinden („Siegel der Propheten"). Das ästhetisch-kulturell-religiöse Erleben

---

[78] In der heutigen Islamwissenschaft ist dieser Begriff umstritten, auch weil sich damit der Vorwurf verbindet, den vorgefundenen Quellen nichts Eigenes, spezifisch Islamisches, hinzugefügt zu haben. Deswegen geht Abschnitt 1.5 genau diesem *Eigenbeitrag* nach.

verschmilzt also mit dem Inhalt und genau diese Verschmelzung ist ein zentrales Charakteristikum des Korans.

Die spezifisch muslimische Akzentuierung

Über kulturelle und psychologische Aspekte hinaus gibt es auch theologische Akzente: Der neue *Inhalt* besteht vor allem in einer theologischen Vereinfachung und Schematisierung der vorangegangenen Traditionen und Einflüsse.

Das kann beispielhaft anhand von Sure 112 aufgezeigt werden, welche unter dem Titel „Der reine Glaube" das koranische Gottesbild zusammenfasst:

„1. Sprich: ‚Er ist Allah, der Einzige;
2. Allah, der Unabhängige und von allen Angeflehte.
3. Er zeugt nicht und ward nicht gezeugt;
4. Und keiner ist Ihm gleich.' "

Die Analyse des arabischen Originaltextes zeigt[79], dass Vers 1 eine freie Übersetzung des *Sh'ma Israel*, des jüdischen Glaubensbekenntnisses, ist.[80] Die enge Anlehnung an den biblischen Text geht aus der Verwendung des arabischen Wortes aḥad („einer", auf Hebräisch eḥad) hervor, was „einen Verstoß gegen die arabische Grammatik"[81] darstellt. Die ursprüngliche Anrede an Israel wird hier aufgegriffen *und* zugleich verändert. So wird das biblisch-jüdische Grundbekenntnis, dessen Bekanntheit vorausgesetzt werden konnte, in

---

79 Vgl. zum folgenden: Neuwirth 2010, S. 762–768.
80 Der Anfang dieses Gebetes lautet im biblischen Originaltext folgendermaßen: „Höre Israel! Der HERR, unser Gott, der HERR ist einzig. Darum sollst du den HERRN, deinen Gott, lieben mit ganzem Herzen, mit ganzer Seele und mit ganzer Kraft." (Deuteronomium 6,4–5).
81 Neuwirth 2010, S. 763.

Sure 112,1 zu einem universalen Text, denn „um das jüdische Credo universal gültig und somit auch einer nichtjüdischen Hörerschaft annehmbar zu machen, wird es umformuliert, ohne dabei aber seine einprägsame Gestalt, in der es bereits Autorität besitzt, zu verlieren."[82]

Gleichzeitig nimmt diese Sure aber auch auf das Nizänische Glaubensbekenntnis Bezug. Dort wird Christus als „gezeugt, nicht geschaffen" definiert. Vers 3 weist diese Aussage zurück und verwendet dazu einen genauso pointierten Doppelausdruck wie im Nizänum. Diese abgrenzende Formulierung wird durch das bewusste Umdrehen des Originaltextes erreicht und in Vers 4 zusammengefasst: „Und keiner ist ihm gleich." Im arabischen Originaltext wird für „gleich" das im Koran einmalige Wort *kufuwun* verwendet – und damit ein bewusster Kontrast zum „homoousios" (Christus ist *wesensgleich* mit dem Vater) aus dem Nizänum hergestellt. Die Begründung für diese Formulierung ist das Bemühen der ersten muslimischen Gemeinschaft in Medina um die jüdische Hörerschaft. Die Nachformung des jüdischen Einheitsbekenntnisses unter zusätzlicher Abgrenzung gegen christologische Deutungen der Einheit Gottes sollte mithelfen, sie für den neuen muslimischen Glauben zu gewinnen.

Das genuin Neue des Korans besteht also darin, dass jüdische und christliche Glaubensinhalte als Kontrastfolie für den eigenen Überbietungsanspruch genommen und zu einem neuen religiös-poetischen Text verarbeitet werden. Dieser neue Text appelliert also gezielt an ein Publikum, welches das „vorangegangene" Judentum und Christentum als überwunden betrachtet. Mit anderen Worten: Die vorhandenen Quellen werden – im Einklang mit dem im arabischen Raum damals weit verbreiteten nachbiblisch geprägten Synkretismus – aufgenommen, in Fragmente aufgelöst und als Grundlage für ein

---

82 Neuwirth 2010, S. 763.

politisch-religiöses Gesamtsystem neu zusammengesetzt. Im Sinne des bereits in der römischen Antike vorhandenen Universalitätsanspruchs wurde der Koran damit zu einem Ausgangspunkt für ein Projekt, das von der Eroberung Mekkas zu Lebzeiten Muhammads ausging und nach seinem Tod zur weltweiten Expansion des Islam führte: „Die Gründung eines religiösen Staates im staatenlosen Arabien, die Einigung der Araber zu einem Projekt der Welteroberung – *das* ist das wirklich Neue am Islam."[83] Über all dem steht die Figur Allahs, der sich am besten als das „alter Ego" [= das andere Ich] des Muhammad charakterisieren lässt.

Diese Überbietungs- und Universalisierungs-Logik stellt die Grundlage des Islams bis heute dar: Die ganze Welt und das Leben jedes Einzelnen sind dieser *gottgewollten Ordnung (ad-dīn)* anzugleichen.[84] Mit anderen Worten: Diese auf den Koran gründende Ordnung umfasst *alles*, vom individuellen Verhalten und Glauben jedes einzelnen Muslim bis zu einer erhofften neuen Weltordnung. Dass genau diese Dynamik gerade für die Anfangszeit des Islams charakteristisch ist, illustriert die folgende Karte[85]:

---

83 Ammann, Ludwig: Der altarabische weltanschauliche und religiöse Kontext des Korans. In: Hartwig 2008, S. 231.

84 Der Islamwissenschaftler Tilman Nagel etwa führt aus, was das im Blick auf den einzelnen Nicht-Muslim bedeutet: „Denn jedem Menschen, der durch Allah im Mutterleib herangebildet wird, ist diese geschöpfliche Bindung an Allah, die *fitra*, eigen, die niemand abändern kann (Sure 30, 30). Selbst wenn zu einer anderen Religion [also z.B. Christentum] fehlgeleitete Eltern ihr Kind zu deren Bekenner [also zu Christen] heranziehen, dann wird dieser Kern davon nicht berührt." (Nagel 2018, S. 33).

85 Spread Islam; aus: www.olivetree.com/blog/learned-love-church-history/spread-islam/ (abgerufen am: 25.4.2020); Abdruck mit freundlicher Genehmigung des Verlags Augsburg Fortress Minneapolis, USA.

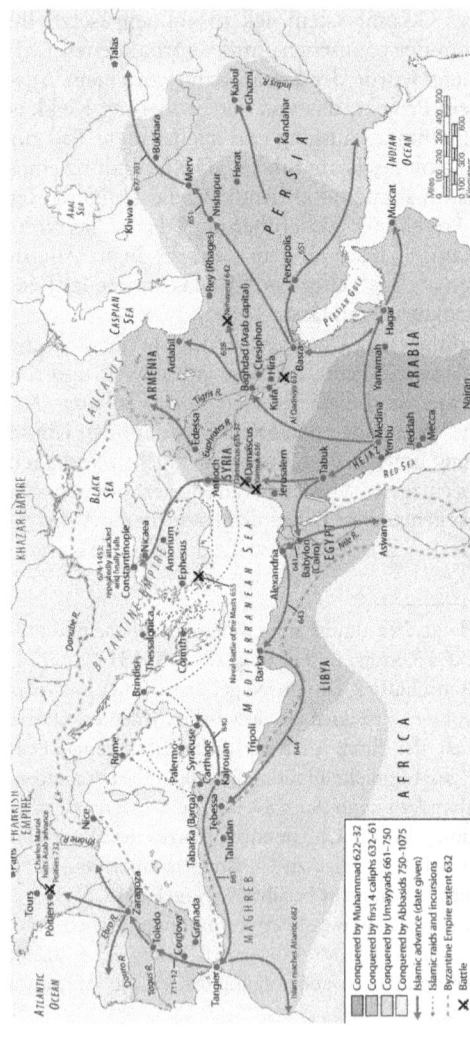

Wie der Koran die vorgefundenen biblische Muster im Detail verwendet und zu einem Neuentwurf umformt, soll im Folgenden anhand der Frage nach dem Antijudaismus im Koran entfaltet werden.

2. Antijudaismus im Koran?

2.1 Die Brisanz der Frage
Zwei aktuelle Schlaglichter

Die Frage nach dem Antijudaismus im Koran ist nicht nur historisch relevant, sondern hat eine aktuelle Brisanz.

In den 2019 erschienenen Erinnerungen an ihre Kindheit im arabisch-muslimischen Milieu Kanadas beschreibt die Publizistin Yasmine Mohammed den „durchdringenden Hass auf das jüdische Volk – man lernt das von klein auf. In muslimischen Gemeinschaften wird das Wort für Jude nicht nur als Schimpfwort gebraucht, sondern als regelrechter Fluch. Es ist ein Hass, der so durchdringend ist, dass man ihn nicht erkennen kann: er ist einfach allgegenwärtig. Als Muslimin habe ich niemals innegehalten, um darüber nachzudenken, warum wir das jüdische Volk so sehr hassen sollten ... Es ist wie wenn man ein Kind fragen würde, warum es keine Monster mag. Es ist einfach ein angelerntes Verhalten, das kaum in Frage gestellt wird, und der Hass auf Israel ist seine Fortsetzung."[86]

Eine der zahlreichen Versuche, auch Christen für Antijudaismus zu gewinnen, fand während des Besuches von Papst Benedikt XVI. am 11. Mai 2009 in Jerusalem statt. Der oberste islamische Richter der Palästinensischen

---

86 Mohammed Yasmine: Trying to teach 'naive West' about true nature of Islam. In: online-Ausgabe der *Jerusalem Post* vom 18.08.2018: https://www.jpost.com/Middle-East/Ex-Muslim-to-Post-Trying-to-teach-naive-West-about-true-nature-of-Islam-598946 (Übersetzung aus dem Englischen durch den Autor, abgerufen am: 20.08.2019).

Autonomiebehörde, Scheich Taysir Rajab, rief damals in Anwesenheit des Papstes die Christen dazu auf, sich mit den Muslimen gegen die, wie er sagte, „mörderischen" Israelis – und damit waren offensichtlich die Juden gemeint – zusammenzuschließen.[87]

Sind das Einzelfälle, die gar nicht erwähnt werden sollten, weil es zahlreiche Momente friedlicher Koexistenz in Vergangenheit und Gegenwart durchaus gegeben hat und gibt?

Auch hier gilt es also, einen unverstellten Blick *jenseits von Unterwerfung* zu wagen.

Die entscheidende Frage ist, wie der real existierende muslimische Antijudaismus[88] auch mit dem zentralen Text des Islam, dem Koran zu tun hat. Der reflexartig gebrachte Verweis auf den Nahostkonflikt greift eindeutig zu kurz.

Ein exemplarischer Surenvers

Der häufig als Beweis für die Friedensliebe des Islam angeführte[89] Vers 32 aus der 5. Sure des Korans verweist exemplarisch auf das Problem, denn es heißt dort: „Wenn jemand einen Menschen tötet […], so ist's, als töte er die Menschen allesamt. Wenn aber jemand *einem* Menschen das Leben bewahrt, so ist's, als würde er das Leben *aller* Menschen bewahren." Der Koran legt dieses fast wörtliche Zitat aus

---

87 Mehr zu dieser Rede, deren Augenzeuge der Autor selbst war, unter: https://www.catholic.org/lent/story.php?id=33531 (abgerufen am: 20.8.2019)

88 Es geht also um die Frage nach *Antijudaismus*. „Antisemitisch" wäre als Bezeichnung unpassend, da Noachs Sohn *Sem* gemäß biblischer Genealogie auch Stammvater der Araber ist.

89 So etwa in Erklärungen islamischer Verbände nach den Anschlägen von Paris im Jahr 2015.

dem Talmud[90] Allah in den Mund, der diese Sure in „Wir"-Form folgendermaßen einleitet: „Und deshalb schrieben Wir den Kindern Israels dies vor." Dieses Zitat, das in der Tat ein hohes ethisches Niveau widerspiegelt, ist also weder eine Aufforderung an die Muslime zum Gewaltverzicht noch eine Reverenz an Israel. Ganz im Gegenteil: Der Koranvers 5,32 steht im Kontext einer der zahlreichen Mahnreden an die „Kinder Israel", also die Juden. Deswegen folgt unmittelbar danach in Vers 5,33 eine grimmige Ankündigung: „Doch die Vergeltung derer, die gegen Allah und seinen Gesandten kämpfen [...] ist, dass sie getötet oder gekreuzigt werden oder ihnen ihre Hände und Füße abgehauen werden, wechselweise rechts und links."

Wie kommt es zu derartigen Aussagen?

Die Umformung biblischer Inhalte im Koran

Die arabische Halbinsel war zum Zeitpunkt der Koranentstehung von unterschiedlichsten Kulturen und Religionen geprägt. Muhammad selbst sowie die von ihm gesammelte Gemeinschaft hatten davon Kenntnis. Sie kannten auch die zahlreichen Verwerfungen innerhalb dieser religiös-kulturellen Gemengelage – wie im vorangegangenen Kapitel dargelegt.

Der Koran speist sich also aus Texten, Erzählungen und Diskussionen. Beim Umgang mit den vorgefundenen biblischen Inhalte ging es vor allem um eines: Der „Prophet" und die entstehende muslimische Gemeinschaft sollten mit biblischer Autorität ausgestattet werden. Dementsprechend tragen

---

90 Vgl. Synhedrin 37a-37b, in: Der babylonischen Talmud. Übersetzung durch Lazarus Goldsmidt (Jüdischer Verlag: Berlin 1930), S. 149f.

alle biblischen Figuren im Koran Züge des Muhammad und spiegeln gleichzeitig den Diskussionsstand der frühen muslimischen Gemeinschaft wider.

Biblische Figuren im Koran wurden dabei häufig in bewusster Absetzung von den theologischen Vorstellungen von Juden und Christen gezeichnet. Dabei ist immer genau zu prüfen, ob das was Muhammad und die Koranautoren als typisch jüdisch oder christlich wahrgenommen haben, tatsächlich jüdisch oder christlich ist! Gerade biblische Figuren treten im Koran nämlich zumeist innerhalb von polemischen Argumentationen auf, was deren Bild und Aussagen entsprechend verzerrt.

Das lässt sich exemplarisch an den Surenversen 9,30ff. zeigen, wo den Juden vorgeworfen wird, sie hielten *Uzair*, das ist der biblische *Esra*, für den Sohn Gottes. Dieser Vorwurf enthält gravierende Missverständnisse. Muhammad lehnte ja generell jede Vorstellung von einem „Sohn Gottes" ab, wobei er beim Wort „Sohn" an ein real von „Gott" mit einer Frau gezeugtes Wesen denkt. Das ist jedoch weder das, was nach christlicher Vorstellung mit Jesus als „Sohn Gottes" gemeint ist – und schon gar nicht eine reale theologische Kategorie im Judentum. Dieser auf Missverständnissen gründende Vorwurf bezichtigt die Juden also eines ähnlichen Irrtums wie derjenige, dem nach *koranischer Optik* angeblich die Christen in ihrer Sicht auf Jesus verfallen seien. Der historische Hintergrund für diesen Vorwurf ist vielleicht eine jüdische oder jüdisch-christliche Sekte, die Esra in besonderer Weise verehrt hat und von denen Muhammad Kenntnis erlangt hat. Wahrscheinlicher aber ist, so der Koranforscher Heribert Busse, „Muhammad habe in der Hitze des Gefechts die Juden einer Irrlehre bezichtigen wollen, die an Schwere der christlichen Irrlehre von der göttlichen Natur Jesu gleichkommt; dabei konnte er an die hohe Wertschätzung, deren Esra sich im Judentum erfreute, anknüpfen."[91]

Die Frage nach dem Antijudaismus steht im größeren Kontext der Einstellung des Korans zu den Anhängern anderer Religionen, auf die im Folgenden kurz einzugehen ist.

Aussagen im Koran zur Pluralität der Religionen

Die Religionen und deren Anhänger erfahren im Koran unterschiedliche Bewertungen. In den Suren 2 und 5 wird etwa Juden und Christen bescheinigt, „dass ihr Glaubensbekenntnis mit dem Islam identisch ist und sie, wie die Muslime, eine Anwartschaft auf das Heil haben. Anders verhält es sich bei der Liste in Sure 22. Der Tenor ist insgesamt negativ; über die Differenzen, die zwischen ihnen bestehen, ‚wird Gott am Tag der Auferstehung entscheiden'."[92] Die koranische Beurteilung anderer Religionen richtet sich dabei vor allem danach, wie deren Vertreter während der jeweiligen Suren-Entstehung zu Muhammad und seiner Gemeinschaft und damit zum Aufruf eingestellt waren, sich der neuen islamischen Gemeinschaft anzuschließen.

Den Idealzustand für die Menschheit, den es wiederherzustellen gilt, stellt Adam dar. Er wird im Koran zu einem der Bibel entlehnten Protagonisten einer angeblich einheitlichen Ur-Religion. Dabei repräsentiert er nicht wie im biblischen Original den vom Ackerboden, auf Hebräisch *adamah*, genommenen Menschen. Er ist also nicht der Mensch an sich

---

91 Busse, Heribert: Die theologischen Beziehungen des Islams zu Judentum und Christentum. Wissenschaftliche Buchgesellschaft: Darmstadt 1991, S. 61.
92 Busse (in: 1991, S. 31f.) bezieht sich hier auf den Surenvers 22,17, in dem „diejenigen, die glauben" den Juden, Sabiern, Christen, Zoroastriern und Polytheisten gegenübergestellt werden.

mit seinen Möglichkeiten und Gefährdungen. Im Koran wird er zum Gründer einer Gemeinschaft (*umma* – ein aus dem Hebräischen entlehntes Wort), die im Glauben eins war. Da diese anschließend zerbrach, sandte Gott immer wieder Propheten (unter anderem Noah, Mose, Jesus, Muhammad selbst), die diese Einheit wiederherstellen sollten.

Die Spaltung der ursprünglichen Einheitsreligion Adams, ja der Einheit des Menschengeschlechts[93] ist aus koranischer Perspektive sündhaft. Sie wird erst im islamisch dominierten „Haus des Friedens" aufgehoben. Darunter ist eine Welt zu verstehen, die sich im Sinne Muhammads Allah unterworfen hat.

Eine weitere Erklärung für die religiöse Vielfalt liefert Sure 5,48: „Hätte Gott gewollt, er hätte euch zu einer einzigen Gemeinde gemacht, doch wollte er euch mit dem prüfen, was er euch gab. Wetteifert darum um das Gute! Euer aller Rückkehr ist zu Allah, er wird euch dann kundtun, worin ihr immer wieder uneins wart." Gelegentlich begründet der Koran den religiösen Pluralismus auch schlicht mit der ethnischen Vielfalt, dass also den vielen Völkern auch viele Religionen entsprechen. Allerdings war diese Sicht innerislamisch offenbar umstritten. Jedoch können im Koran gegensätzliche Aussagen unvermittelt nebeneinander stehen bleiben, denn die Lösung liegt in der Allmacht Allahs, so etwa nachzulesen in Sure 25,54: „Dein Herr ist voller Macht."

Juden und Christen betrachtet der Koran als die „Leute der Schrift", sie haben Teil an den Offenbarungen aus der himmlischen Urschrift, der „wohlbewahrten Tafel" (Sure 85,22) andernorts auch „Mutter des Buches" (Suren 13,39 und 43,4) genannt.

---

93 Vgl. dazu Sure 2,213 („Die Menschen waren eine einzige Gemeinde").

Die Anhänger der mosaischen Religion erscheinen im Koran – vor allem ab der medinischen Phase, also nach der Flucht Muhammads nach Medina – unter zwei Namen: Kinder Israels und Juden. Diese Unterscheidung wird vor allem an der Einstellung zu Jesus festgemacht. Die Spaltung zwischen Judentum und Christentum hat also die koranische Einstellung zu den Juden mitgeprägt. Somit ist auch christlicher Antijudaismus in den Koran eingeflossen. „Nach koranischer Auffassung waren die Juden nichts anderes als ungläubige Israeliten: Jesus wandte sich mit seiner Botschaft an die Kinder Israels; diese teilten sich daraufhin in zwei Gruppen, die Christen (*naṣārā*), die an Jesus glaubten, und andere, die nicht glaubten. Letztere hießen fortan Juden."[94]

Innerhalb der Lebenszeit Muhammads gab es eine Entwicklung bezüglich der Art und Weise, wie mit den Anhängern anderer Religionen zu verfahren ist. Wie im Blick auf die Phasen im Verhältnis zu den Juden noch genauer zu zeigen sein wird, werden gegen Ende seines Lebens Juden und Christen unter bestimmten Bedingungen toleriert. Polytheisten hingegen, häufig „Beigeseller" genannt – wobei sich diese Bezeichnung auch gegen Christen und deren Trinitätslehre richten kann –, haben sich grundsätzlich zum Islam zu bekehren, denn „der rechte Weg ist klar geworden gegenüber dem Trug" (Sure 2,256). Dazu ist ihnen eine Frist zu gewähren, an deren Ende der Koran die Muslime auffordert: „Sind die heiligen Monate abgelaufen, dann tötet die Beigeseller, wo immer ihr sie findet, ergreift sie, belagert sie, und lauert ihnen auf aus jedem Hinterhalt! Doch wenn sie sich bekehren, das Gebet verrichten und die Armensteuer geben, dann lasst sie laufen! Siehe, Allah ist bereit zu vergeben, barmherzig" (Sure 9,5).

---

94 Busse 1991, S. 33.

Die theologischen Motive für die Einstellung des Korans zu den Juden zeigen sich besonders deutlich an zwei zentralen Figuren der biblischen Heilsgeschichte: Abraham und Mose.

2.2 Abraham und Mose im Koran

Vom biblischen Abraham zum Prototyp des frommen Muslim

Anders als es der suggestive Ausdruck „abrahamitische Religionen" nahelegt, hat der koranische *Ibrahim* – Berichte über ihn sind auf mehrere Suren verteilt – außer dem Namen kaum etwas mit dem biblisch bezeugten Stammvater Israels zu tun. Diese Differenz zeigt sich zuerst darin, was der Koran gegenüber dem biblischen Bericht *weglässt*. Im Koran begegnet nämlich „Abraham nirgends als Stammvater der Israeliten"[95] *im Sinne einer Verheißung und deren Weitergabe*. Genau darin besteht aber die durchgängig biblische Sicht bis in das Neue Testament hinein.

Sure 2,124 geht noch einen Schritt weiter. In einem Gespräch mit Ibrahim enterbt Allah das angeblich ungerechte Israel: „Damals als sein Herr [= Allah] Ibrahim auf die Probe stellte durch Worte, die er [= Allah] dann erfüllte. Da sprach er: ‚Siehe, ich mach dich zu einem Führer für die Menschen.' Er [= Ibrahim] sprach: ‚Und auch aus meiner Nachkommenschaft?' Er [= Allah] sprach: ‚Mein Bund erstreckt sich nicht auf die Ungerechten [= damit ist Israel gemeint].' "

Die biblische Verheißung an die Israeliten, also die Nachkommen Abrahams, lautet hingegen: „Durch dich sollen alle Sippen der Erde Segen erlangen" (Gen 12,3). Das ist ein Vorgang von enormer Tragweite: Unter *Berufung* auf Abraham

---

95 Neuwirth 2010, S. 637.

schließt der Koran Israel aus der Heilskontinuität aus. Das erinnert an antijudaistische Einstellungen, wie sie sich auch im Laufe der Kirchengeschichte gezeigt haben. In welcher Weise christlich-antijudaistische Einstellungen dabei auf den Korantext Einfluss genommen haben, ist im Detail oft nicht mehr genau auszumachen. Faktum aber ist, dass ausgeprägte Formen des Antijudaismus in den Koran eingeflossen sind oder von diesem selbst generiert wurden – hier unter dem Vorzeichen eines entstellten Abraham.

Die Selbstdeutung der entstehenden muslimischen Gemeinschaft unter den Vorzeichen des Abraham bei gleichzeitiger Entwertung jüdischer Traditionen zeigt sich auch in der Gegenüberstellung von Isaak und Ismael. Die *biblische* Erzählung von der „Bindung Isaaks" (Gen 22, 1–19), also das Original, offenbart das bedingungslose Gottvertrauen Abrahams. Dadurch kann Gott seine Segensverheißung zum Ziel führen und genau daran lernt Isaak den Glauben. Der *Koran* hingegen macht aus dieser Erzählung eine bloße Vater-Sohn-Kulthandlung und ersetzt den biblischen Verheißungsträger *Isaak* mit *Ismael* (vgl. Surenverse 37,99–109). Die entsprechende koranische Darstellung bildet die Grundlage einer bis heute fortbestehenden Opferpraxis.[96]

Ohne jeden biblischen Anhalt gibt es im Koran auch die Schilderung von einer Erbauung des Heiligtums in Mekka durch Ismael gemeinsam mit seinem Vater Abraham. Die Funktion dieser Schilderung besteht darin, Mekka – in

---

96 Ein zentraler Teil der Pilgerfahrt nach Mekka ist als Nachahmung dieser Abrahamsdarstellung festgelegt: „Die Pilger vollziehen, dem Beispiel Abrahams folgend, dessen (intendierte) Opferhandlung nach. Das Abrahamsopfer, das ja das islamische Festopfer, *aḍḥā*, die für jeden Mekkapilger obligate Schlachtung eines Opfertieres, gewissermaßen präfiguriert, ist

Absetzung von Jerusalem – mit biblischer Autorität auszustatten, wie in Sure 3,96–97 festgehalten ist: „Wahrlich, das erste Haus, das für die Menschheit gegründet wurde, ist das zu Bakka [= Mekka] – überreich an Segen und zur Richtschnur für alle Völker. In ihm sind deutliche Zeichen. Die Stätte Abrahams – und wer sie betritt, hat Frieden."[97]

Damit wird Abraham der – historisch selbstverständlich vorausliegenden – jüdischen und christlichen Tradition entrissen. Er wird zum Vorläufer Muhammads, wie sich in den Surenversen 3,65–68 zeigt. Dort präsentiert Muhammad seinen eigenen Anspruch als eine Überwindung des jüdisch-christlichen Spalts: „O Volk der Schrift, warum streitet ihr über Abraham, wo die Thora und das Evangelium erst nach ihm herabgesandt wurden? Wollt ihr denn nicht begreifen? Seht doch! Ihr seid es ja, die über das stritten, wovon ihr Kenntnis hattet. Warum streitet ihr denn über das, wovon ihr durchaus keine Kenntnis habt? Allah weiß, ihr aber wisset nicht. Abraham war weder Jude noch Christ; doch er war immer (Gott) zugeneigt (*ḥanīf*) und (Ihm) gehorsam, und er war nicht der Götzendiener einer. Sicherlich sind die Abraham Nächststehenden unter den Menschen jene, die ihm folgten, und dieser Prophet und die Gläubigen. Und Allah ist der Freund der Gläubigen."

---

ein allgegenwärtiger Gegenstand volkstümlicher bildlicher Darstellungen geworden." (Neuwirth 2014, S. 103). Abraham wird damit zum Stifter mekkanischer Riten.

97 Es gibt Indizien dafür, dass Mekka bereits vorislamisch mit Abraham-Erzählungen verbunden war. Durch den Koran wurden diese legendenhaften Traditionen dann zum islamischen Glaubensinhalt.

Die hier verwendete arabische Bezeichnung für Abraham, nämlich *ḥanīf*, charakterisiert ihn als einen „vorkonfessionellen Monotheisten"[98], also einen exemplarisch Frommen vorgängig und jenseits von Judentum oder Christentum. In manchen Koranübersetzungen wird dieses arabische Wort denn auch schlicht mit „Muslim"[99] wiedergegeben. Abraham-Ibrahim wird damit sowohl zum Prototypen der Muslime, *al-muslimūn* (vgl. Sure 2,135f.) als auch zum Spiegelbild des Muhammad. Eine Zusammenschau von Judentum, Christentum und Islam unter dem Stichwort „abrahamitische Religionen" ist damit vom Koran selbst her ausgeschlossen.

Das Verschmelzen von Abraham und Muhammad – unter Ausschluss Israels – reicht bis ins Innere der muslimischen Frömmigkeit hinein. Im täglichen Gebet der Muslime ist eine Formel enthalten, die Abraham und Muhammad zusammenschließt:

„Gott, segne Muhammad und das Haus Muhammad,
wie du Abraham und das Haus Abraham gesegnet hast.
Und gib Heil Muhammad und dem Haus Muhammad,
wie du Abraham und dem Haus Abraham Heil gegeben hast."[100]

Mose – vom biblischen Gesetzgeber zum koranischen Ankläger der Juden

Bei der koranischen Mose/Musa-Geschichte fällt besonders auf, wie hier verschiedene biblische Erzählungen ineinander

---

98 Neuwirth 2014, S. 106.
99 Z.B. in der Reclam-Übersetzung des Surenverses 3,67 durch Max Henning: „...vielmehr war er lauteren Glaubens, ein Muslim..."
100 Zitiert aus: Neuwirth 2010, 652.

geschoben wurden. In Sure 28,38 heißt es zunächst vom Pharao – wie im biblischen Bericht –, dass er Mose und sein Volk nicht aus Ägypten ziehen lassen will. Sodann befiehlt der Pharao seinem Minister, so weiter im gleichen Surenvers: „Brenne mir, Haman, Ziegelsteine, und mache mir ein hochgebautes Schloss, dass ich vielleicht aufsteigen kann zum Gott von Mose! Doch siehe, ich halte ihn wahrhaftig für einen Lügner!" *Haman*, der antijüdische Regierungsbeamte des Perserkönigs Xerxes aus der biblischen Esther-Geschichte wird also mit dem Pharao sowie dem Turmbau zu Babel (aus dem Buch Genesis) zu einer einzigen Geschichte verarbeitet.

Die koranische Mose-Figur, auf Arabisch *Musa*, spiegelt noch deutlicher als Abraham-Ibrahim die verschiedenen Phasen Muhammads wider. Der Koran illustriert anhand der Mose-Figur, wie jemand zu einem großen Propheten wird. Die Eckpunkte dieser Darstellung lassen sich in folgenden Stichworten zusammenfassen: „Die spirituelle Begegnung mit dem transzendenten Gott, das Gefühl unzureichender Kraft angesichts des Auftrags, das Gespalten Sein zwischen der Verpflichtung gegenüber der familiären Herkunft und der Notwendigkeit des Bruches mit ihr, die Erfahrung von Angst und ihrer Überwindung und der Kraft zum geduldigen Ausharren in der Situation der Demütigung."[101]

Wie bereits bei Abraham-Ibrahim, so sprechen bei Mose-Musa gerade auch die *Auslassungen* gegenüber dem biblischen Original eine deutliche Sprache. In Sure 20, die dem Leben des Mose gewidmet ist, fehlt gegenüber dem biblischen Original die Schilderung der Übergabe der Torah, also die „Tafel-Übergabe". An sie wird nur an marginaler

---

101 Neuwirth 2010, S. 653.

Stelle summarisch erinnert.[102] Dieses Ereignis ist allerdings *das* Gründungsereignis des Judentums, ihre Marginalisierung eliminiert einen zentralen Aspekt der jüdischen Erwählungsgeschichte. Die koranische „Darstellung" dieser Geschichte gipfelt in einer Mahnrede an die „Söhne Israels": „Denn der, über den mein Zorn kommt, ist verloren" (Sure 20,81c).

So werden die „Söhne Israels" also ausgerechnet vom koranischen Mose verstoßen und verdammt. Abgesehen von theologischen Gründen wird historisch mitgespielt haben, dass die Juden nicht für den von Muhammad in Medina ersehnten Krieg gegen seine Heimatstadt Mekka zu gewinnen waren.

Das zentrale Ereignis des koranischen *Musa* ist sein Versuch, den Pharao zum Einlenken zu bewegen. In Anlehnung an die biblische Erzählung scheitert das und der ungläubige Pharao wird sowohl in der diesseitigen Welt als auch im Jenseits bestraft, obwohl er sich kurz vor seinem Ertrinken sogar „bekehrt". Der ergebene Koranleser versteht: Der Pharao ist ein warnendes Beispiel für alle, die sich der Botschaft des Muhammad widersetzen. Diese Erzählung gehört damit zur literarischen Textsorte „Straflegende", die sich häufig im Koran findet.

Im biblischen Original signalisieren die Israeliten eindeutig ihre Bereitschaft, die Torah Gottes anzunehmen, welche Mose ihnen überbringt. Diese Antwort ist in zwei Versionen überliefert, nämlich „Wir werden tun und hören" (Ex 24,7) und „Wir hören es und werden es tun" (Dtn 5,24).

---

102 So etwa in Sure 7,145: „Und wir [= Allah] schrieben ihm [= Mose] auf den Gesetzestafeln allerlei auf, dass es zur Ermahnung diene... " oder in Sure 20,80: „Ihr Kinder Israels! Wir haben euch (seinerzeit) von eurem Feind errettet und uns mit euch auf der rechten Seite des Berges verabredet... "

Im Koran hingegen wird die Antwort der Israeliten auf die Torahgabe in das genaue Gegenteil verkehrt. Sure 2,93 gibt diesem biblischen Vorbild eine bösartige Wendung, denn die Israeliten sagen dort auf das Angebot Gottes: „Wir hören und widersetzen uns!" Diese den Juden in den Mund gelegte Ablehnung der Torah wird im Sure 4,46 zu einem – später gerade „klassisch" gewordenen – Vorwurf erweitert: „Einige von denen, welche Juden sind, die rücken Wörter weg von ihrem Platz (...), indem sie ihre Zungen verdrehen und den Glauben schmähen. Doch hätten sie gesagt: ‚Wir hören und gehorchen!' (...), so wäre das für sie wahrlich gut und angemessen. Doch Gott verfluchte sie ihres Unglaubens wegen!" Diese koranische Darstellung der angeblichen Antwort der Israeliten auf die Torah ist also ein krasses Missverständnis, das etwas als biblisch ausgibt, was dem biblischen Wortlaut selbst widerspricht. So wird ein Gründungsereignis Israels, der mosaische Bundesschluss mit der Torahgabe, zu einem zentralen Anklagepunkt gegen die Juden.

Diese Vereinnahmung biblischer Figuren im Koran steht in einem Kontext der Entwicklung des Verhältnisses von Muhammad zu den Juden. Entsprechende Phasen reichen von einer anfänglichen Annäherung über einen dezidierten Vernichtungswillen bis zu der pragmatischen Regelung, dass sie eine Kopfsteuer zu zahlen haben und als Bürger zweiter Klasse unter bestimmten Umständen zu akzeptieren sind.

2.3 Anfragen an den koranischen Antijudaismus

Innerislamische Ansätze

Parallel zur Radikalisierung breiter muslimischer Kreise gibt es unter manchen Muslimen den Versuch, sich von antijüdischen Aussagen im Koran zu distanzieren. Ein Weg dazu ist das Prinzip der „Abrogation", dass also früher zu datierende Koranverse von späteren aufgehoben werden, wenn sie einander widersprechen. Manche Muslime fassen den Koran auch als ein zeitgebundenes Dokument auf, das eine bestimmte historische Konstellation widerspiegelt und von daher nicht für Fragen bestimmend ist, die über die persönliche Frömmigkeit hinausgehen. Überdies gibt es Versuche, die „Barmherzigkeit Gottes" zu einem koranischen Leitmotiv zu erklären. Wenn das wahr ist, dann müssten daran auch alle Einzelaussagen des Korans gemessen und gegebenenfalls verworfen werden – gerade auch alle mit Antijudaismus verbundenen Aussagen.

Solche Ansätze brechen allerdings mit islamischen Prinzipien wie der Autorenschaft Allahs als Schöpfer des Korans sowie dem Grundauftrag, dem „fortdauernden Schöpfungshandeln Allahs"[103] die ganze Welt zu unterwerfen. Es ist also zu bezweifeln, dass derartige relativierende Interpretationen eine realistische Chance auf Verbreitung haben, denn sie müssen immer gegen das Schwergewicht des koranischen Wortlauts argumentieren.

Deswegen ist es wichtig, sich über das Ausmaß des auf koranischer Grundlage stehenden Judenhasses innerhalb der islamischen Gemeinschaft keinen Illusionen hinzugeben. Er ist eine logische Folge der entsprechenden Koranaussagen und ist zuinnerst mit der islamischen Tradition verbunden. Diese bittere Einsicht wird nur wenig von der Tatsache abgemildert, dass es lange Phasen in der Geschichte gab, in denen es den Juden unter muslimischer Herrschaft deutlich besser ging als unter ihren christlichen Zeitgenossen.

---

103 Vgl. dazu etwa Sure 2,255: „Allah ist einer allein. Es gibt keinen Gott außer ihm. Er ist der Lebendige und Beständige. Ihn überkommt weder Ermüdung noch Schlaf. Ihm gehört alles, was im Himmel und auf der Erde ist..."

Eine exemplarische jüdische Stimme zum Koran

Wie das Ausmaß antijüdischer Polemik im Koran auf einen unvoreingenommenen Zeitgenossen wirkt, zeigte sich bei dem bekannten deutschen Publizisten Ralph Giordano (1923–2014). Nach seinen traumatischen Erfahrungen mit der nationalsozialistischen Judenverfolgung war er zu einer prominenten Figur linker Publizistik im Westdeutschland der Nachkriegszeit geworden. Auf Anregung seines Freunde Chaim Noll, eines scharfsichtigen deutsch-israelischen Schriftstellers, hat Giordano es unternommen, den Koran als ganzen zu lesen. Noll zitierte einmal aus einem Brief, in dem Giordano beschreibt, wie ihn, Giordano, diese Lektüre verändert hat: „Ich habe es mir angetan und habe den Koran gelesen. Von der ersten bis zur letzten, bis zur 114. Sure. Es ist eine Lektüre des Schreckens und des Wahnsinns. Es wird fortwährend dazu aufgerufen, die Ungläubigen zu töten, vor allem aber die Juden, die Juden, die Juden [...]. Ich sage euch, nachdem ich den Koran gelesen habe: der Koran ist das judenfeindlichste Buch, das mir in meinem langen Leben jemals vor die Augen gekommen ist.'"[104]

Ein Auftrag aus christlicher Perspektive

Das Wahrnehmen der Abgründigkeit des koranischen Antijudaismus darf nicht beim Erschrecken stehen bleiben. Besonders in einem christlichen Kontext ergibt sich daraus ein Auftrag. Bereits das Zweite Vatikanische Konzil hat festgehalten, dass die Juden „von Gott geliebt [sind] um der Väter willen; sind doch seine Gnadengaben und seine Berufung

---

104 In: www.achgut.com vom 28.6.2018 (abgerufen am: 16.12.2018).

unwiderruflich."[105] Diese Erkenntnis ist noch kaum in das allgemeine christliche Bewusstsein vorgedrungen. Von dem im Koran als Prophet geehrten Jesus – dort *Isa* genannt – ist im Johannesevangelium der Satz überliefert: „Das Heil kommt von den Juden" (Joh 4,22b). Die Flut an antijüdischen Einstellungen in der Geschichte des Christentums hat die in diesem Vers enthaltene Wertschätzung für die alttestamentlich-jüdische Heilsgeschichte nur allzu oft verdunkelt.

Die Entdeckung einer Dankbarkeit für diese „Geschichte des Heils", von der auch Christen und Muslime zehren, wäre der Schlüssel, um zu einem positiven Verhältnis gegenüber der eigenen Tradition sowie gegenüber den Juden heute zu finden.

Anders als der koranische Ibrahim hat Paulus die Abrahams-Nachkommenschaft der Juden für die Christen *erweitert* (vgl. Gal 2, 6–10) – und nicht ersetzt. Er hat den Boden des Judentums nie verlassen, sondern sich leidenschaftlich für die Einholung der Abraham-Segensverheißung – für alle Völker – eingesetzt. Der fruchtbare Ölbaum bleibt immer Israel selbst, in den die Heiden eingepfropft wurden, wie es im 11. Kapitel des Römerbriefs beschrieben ist. „Volk Gottes" zu sein kann für Christen also immer nur im *Verbund* mit Israel gedacht werden, wie es von katholischer Seite durch die Erklärung *Nostra aetate* des Zweiten Vatikanischen Konzils auch geboten ist.[106]

Papst Johannes Paul II. hat der Katholischen Kirche dabei einen wichtigen Interpretationsmaßstab mit auf den Weg

---

105 Aus dem 4. Abschnitt der Erklärung *Nostra aetate*: http:// www.vatican.va/archive/hist_councils/ii_vatican_council/ documents/vat-ii_decl_19651028_nostra-aetate_ge.html (abgerufen am: 26.10.2019).

106 Vgl. dazu aus der Konzilserklärung *Nostra aetate* Nr. 4 (vgl. Fußnote 105): „Deshalb kann die Kirche auch nicht vergessen,

gegeben. Im Jahr 1980 sagte er in Mainz, dass das Gespräch mit Israel zuerst ein Dialog „innerhalb unserer Kirche, gleichsam zwischen dem ersten und zweiten Teil ihrer Bibel"[107] ist. Das Erbe Israels ist folglich nicht etwas Äußerliches, weswegen die Kirche schon um ihrer selbst und ihrer eigenen Identität willen beständig auf dieses Erbe verpflichtet ist. Jüdische Stimmen sind dabei *immer* mit einzubeziehen.

Daraus folgt, dass es keine Verständigung von Muslimen und Christen geben darf, die den koranischen und muslimischen Antijudaismus ignoriert oder verharmlost. Die christliche Substitutionstheologie hat eine fatale Spur hinterlassen, mit Auswirkungen bis in die koranische Auslöschungsdynamik gegenüber der jüdischen Heilsgeschichte und dem jüdischen Volk. Die heutige christliche Antwort muss darin bestehen, angesichts dieser antijüdischen Polemik beständig auf Richtigstellungen zu drängen.

Die Konsequenzen dieser Einsicht reichen von der großen Politik – man denke etwa an das europäische Festhalten am Atomvertrag mit dem Iran, der keine Gelegenheit auslässt, die Vernichtung des Staates Israel heraufzubeschwören – über muslimisch-christliche Dialogforen bis hin zu alltäglichen Kontakten mit Muslimen. Das „Nie wieder" als Erkenntnis aus dem Holocaust muss gerade im Gespräch mit Muslimen zu einem „Nur *mit* Israel" werden.

---

    dass sie durch jenes Volk, mit dem Gott aus unsagbarem Erbarmen den Alten Bund geschlossen hat, die Offenbarung des Alten Testamentes empfing und genährt wird von der Wurzel des guten Ölbaums, in den die Heiden als wilde Schößlinge eingepfropft sind."

107 Aus der Ansprache an die Vertreter des Juden im Dommuseum in Mainz am 17. November 1980. In: https://www.dbk.de/fileadmin/redaktion/veroeffentlichungen/verlautbarungen/VE_025A.pdf, S. 104 (abgerufen am: 6.9.2019).

3. Jesus im Koran

3.1 Quellen des koranischen Jesusbildes
Der Rückgriff auf apokryphe Quellen

Ähnlich wie bei der koranischen Darstellung von Abraham und Mose dienen auch die zahlreichen Erwähnungen Jesu im Koran[108] in erster Linie dazu, die Endgültigkeit des eigenen Offenbarungsanspruchs zu legitimieren. Häufig greift der Koran dabei auf sogenannte „Apokryphen" zurück, also auf Schriften aus dem christlichen Umfeld, die entweder wegen ihres legendarischen Charakters oder wegen ihres häretischen, häufig gnostischen Einschlags von der Kirche nicht in den neutestamentlichen Kanon aufgenommen worden waren. Die Verkündigungsszene sowie ein Detail aus der Kindheitsgeschichte veranschaulichen dabei, wie diese Quelltexte transformiert wurden.[109]

---

108 Das Jesusbild im Koran ist Gegenstand einer Vielzahl von Untersuchungen, hier wurde besonders folgende berücksichtigt: Räisänen, Heikki: Das koranische Jesusbild. Ein Beitrag zur Theologie des Korans. Finnische Gesellschaft für Missiologie und Ökumenik: Helsinki 1971. Räisänen zeigt darin die Wichtigkeit auf, „die ursprünglichen Intentionen ... des Korans zu entdecken und zu verstehen" (S. 13). Er benennt darin auch die problematische Seite einer dialogischen (christlichen) Koranlektüre, die sich als „interreligiöse geistliche Exerzitien" (S. 14, gemeint ist: als eine Art inspirierende spirituelle Bereicherung) präsentiert und dadurch die eigentlichen Intentionen des Korans selbst verunklart.

109 Vorauszusetzen ist bei dieser Transformation, wie auch bei anderen biblischen Figuren, dass Muhammad und die

Die neutestamentliche Verkündigungsszene – also die Verkündigung des Engels an Maria, dass sie einen Sohn gebären wird – schließt im Lukasevangelium folgendermaßen ab: „Da sagte Maria: Siehe, ich bin die Magd des Herrn; mir geschehe, wie du es gesagt hast. Danach verließ sie der Engel." (Lk 1,38). Auch das apokryphe *Protoevangelium des Jakobus*[110], aus welcher der Koran in erster Linie die Darstellung Marias bezieht[111], beendet die Verkündigung gleichlautend.

Im Koran hingegen endet die Verkündigungsszene nach dem Einwand Mariens („Wie sollte ich einen Jungen bekommen...?") folgendermaßen: „Er [= der „Gesandte des Herrn"] sagte: ‚So ist es, wie dir [= Maria] verkündet wurde. So hat dein Herr es angesagt. Es fällt mir leicht dies zu bewerkstelligen. Und wir [= Allah] schenken ihn [= Jesus] dir [= Maria], damit wir ihn zu einem Zeichen

---

    Koranautoren ihre Informationen in erster Linie aus mündlichen Berichten über diese Texte bezogen und nicht aus den Texten selbst.

110 Vgl. Protoevangelium des Jakobus 11,1–7. In: Hennecke, Edgar (Hrsg.): Neutestamentliche Apokryphen in deutscher Übersetzung. Mohr: Tübingen 1970, S. 284.

111 So Neuwirth 2010, S. 484. Eine deutliche Abweichung des Bildes von Maria im Koran gegenüber dem biblischen Bericht liegt etwa darin, dass im Koran Mirjam, die Schwester des Mose, mit Maria, der Mutter Jesu zu einer Person verschmelzen: Der Vater der neutestamentlichen Maria ist im Koran Amram (arabisch: Imram), laut biblischem Bericht der Vater von Mose, Aaron und Mirjam (vgl. 1 Chronik 5,29). „Vielleicht beruht dieser ‚Irrtum' auf einer typologischen Interpretation, die Muhammad vorgelegen hat." (Busse 1991, S. 118).

machen, und weil wir den Menschen Barmherzigkeit erweisen wollen. Es ist eine beschlossene Sache.' Da war sie nun schwanger mit ihm (d.h. dem Jesusknaben). Und sie zog sich mit ihm an einen fernen Ort zurück." (Sure 19,21–22).

Der entscheidende Unterschied zur Vorlage liegt darin, dass Maria im Koran nicht ihr Einverständnis ausdrückt („mir geschehe", in der lateinischen Kurzformel: „fiat"). Stattdessen genügt die Feststellung des Verkünder-Engels, dass es von Allah her „eine beschlossene Sache" sei. Diese kleine textliche Differenz offenbart einen wesentlichen Unterschied: Aus der Mitwirkung Marias in der biblischen, bzw. apokryphen Erzählung wird im *Koran* die Durchsetzung einer „beschlossenen Sache". Mit dieser Akzentuierung gibt der Koran auch ein Maß für das Verhältnis von Gott und Mensch vor: Eine freie Einwilligung des Menschen in den Plan Gottes ist letztlich nicht nötig, da dieser Plan für Allah eine „beschlossene Sache" ist.

Theologischer Voluntarismus in den apokryphen Quellen

Jahrhundertelang wurde in der Christenheit darum gerungen, wie Jesus Christus richtig zu verstehen ist. Dieser langwierige Prozess dauerte bis in die Entstehungszeit des Islam hinein: Das letzte christologische Dogma von der Einheit der zwei Willen in Jesus wurde 680/681 formuliert.[112] Die apokryphen christlichen Schriften dokumentieren dieses Ringen und bezeugen zugleich, um welch fundamentale und umfassende Vorgänge es sich dabei handelte. Rückblickend lässt sich feststellen, dass die Formulierungsversuche der Häretiker

---

112 Vgl. dazu Abschnitt 3.5.

und Apokryphen letztlich hilfreich waren, um zu der Unterscheidung zu finden, die in den großen christologischen Dogmen der Alten Kirche festgehalten ist. Diese Dogmen sollten zumeist die Grenzlinien markieren, die nicht überschritten werden durften.

Das Problem bis heute besteht darin, dass Muhammad und die Mit-Autoren des Korans ihre Informationen über das Christentum zumeist aus genau diesen apokryphen Schriften bezogen – oder aus sogar noch zusätzlich verzerrten *mündlichen* Informationen über diese Schriften. Was in jener historischen Epoche der christlichen Identitätsfindung noch Teil eines lebendigen theologischen Prozesses war, in dem auch vieles ausgeschieden werden musste, ist nun als „sakraler" Text im Koran unantastbar geworden.

Das lässt sich mit einem Vorgang aus der Biochemie vergleichen: Bei einem Gärungsprozess wirken verschiedene Bestandteile aufeinander ein und werden dadurch verändert. Der Koran hingegen hat die Bestandteile dieses Gärungsprozesses gewissermaßen separat „eingefroren". Unabhängig vom innerchristlichen theologischen Ringen wurden sie durch die Sakralisierung im Korantext isoliert und damit einer lebendigen Entwicklung entzogen. Das führte notwendigerweise dazu, dass theologische Einseitigkeiten erhalten geblieben sind und als solche auch bis heute wirksam sind.

Diese Zusammenhänge können am besten anhand der Demonstration göttlicher Allmacht bereits im Leben des Jesusknaben deutlich gemacht werden. Dieser theologische Akzent ist auch ein Leitmotiv der apokryphen *Kindheitserzählung des Thomas*. Der dort dargestellte Knabe legt ein geradezu rücksichtsloses Verhalten an den Tag. So heißt es zum Beispiel in dieser apokryphen Schrift im Anschluss an eine Episode, bei welcher der Jesusknabe einen gleichaltrigen Knaben, der ihn gestoßen hatte, mit einem Machtwort tötet[113]: „Die es sahen, gerieten in große Furcht, waren ratlos und sagten über ihn [= den Jesusknaben]: ‚Jedes Wort, das er [= Jesus] redete, ob gut oder böse, war eine Tat und wurde zum Wunder.' Als Joseph sah, dass Jesus so etwas tat, stand er auf, nahm ihn beim Ohr und zupfte ihn gehörig. Der Knabe [= Jesus] aber ward ungehalten und sagte zu ihm [= Joseph]: ‚Genug, dass du suchst und nicht findest…betrübe mich nicht.' "[114]

Einem heutigen Leser mag diese Schilderung absurd erscheinen. Sie diente damals aber einzig und allein einem bestimmten Thema: eine an keine Kategorien gebundene (im Text: „ob gut oder böse"), allein vom eigenen Willen geprägte göttliche Allmacht. Das nennt man in der Theologiegeschichte „Voluntarismus".[115]

Diese an keine moralischen Kategorien gebundene Herausstellung von „Willen" wird zwar am Ende der apokryphen Erzählung dadurch abgemildert, dass alle vom Jesusknaben „Bestraften" wieder geheilt werden[116], allerdings zeigt sich in

---

113 *Kindheitserzählung des Thomas* 4,1: „Jesus wurde erbittert und sprach zu ihm [= dem Knaben, der ihn gestoßen hatte]: ‚Du sollst auf deinem Weg nicht weitergehen!' Sogleich fiel der Knabe hin und starb." (in: Hennecke 1970, S. 294).

114 Aus: *Kindheitserzählung des Thomas* 5,2 (vgl. Fußnote 113).

115 Interessanterweise geht Papst Benedikt XVI. in seiner „Regensburger Rede" in besonderer Weise auf diese Problematik ein, vgl. dazu Abschnitt 4.3.

116 Vgl. *Kindheitserzählung des Thomas* 8,2 (vgl. Fußnote 113): „Und als der Knabe mit seiner Rede aufgehört hatte, wurden sofort alle geheilt, die unter seinem Fluch gefallen waren. Und von da an wagte es keiner, ihn zu erzürnen, damit er ihn nicht verfluche und er nicht zum Krüppel werde." (in: Hennecke 1970, 295).

dieser Art von Literatur bereits eine Tendenz, die im Koran und im Islam ihre volle Ausgestaltung gefunden hat: Eine durch nichts behinderte Allmacht Allahs wird das bestimmende Leitmotiv. Im Rückblick auf diese Entwicklung wird noch einmal deutlich, wie wichtig es war, dass sich die Kirche genau von diesem Voluntarismus abgrenzte, indem sie derartige Schriften aus ihrer Mitte herauszuhalten suchte.

3.2. Grundzüge des koranischen Jesusbildes

Die Darstellungen Jesu

Im Koran wird vor allem im Rahmen von drei größeren Texteinheiten von Jesus, auf Arabisch *Isa*, gesprochen, und zwar in den Suren 3,33–57, 5,110–120 und 19,1–33. Seine Lebensgeschichte wird dort niemals zusammenhängend erzählt, sondern wie etwa in Sure 3,33–57 werden immer nur Bruchstücke aufgegriffen. Insgesamt wird Jesus-Isa in vierzehn Suren erwähnt und ist damit „neben Abraham und Mose die am meisten genannte biblische Person."[117] Die mit Jesus verbundenen Episoden sind – neben einer kurzen Erwähnung seiner Wunder und der Wahl der Jünger – die Verkündigungsszene, die Nachstellungen der Juden sowie seine Rettung durch die Himmelfahrt.

Eine ergiebige Quelle für das koranische Jesusbild ist Sure 19,1–33. Diese Sure 19 gehört zu denjenigen Suren, die in besonderer Weise dem Thema der Barmherzigkeit Gottes gewidmet sind. Sure 19 stammt aus der mekkanischen Periode, in welcher Muhammad eine mehr oder weniger positive Einstellung den Christen gegenüber einnahm. Die Geschichte

---

117 Gnilka, Joachim: Bibel und Koran. Herder: Freiburg 2004, S. 105.

Jesu ist dort in die Geschichte seiner Mutter eingebettet, nach der auch die ganze Sure benannt ist („Maryam" = Maria).

Ähnlich wie im Lukasevangelium parallelisiert Sure 19 die Kindheitsgeschichten von Johannes dem Täufer einerseits und von Jesus andererseits. Allerdings wird jegliche christologische Deutung, wie sie die neutestamentlichen Erzählungen mit enthalten, konsequent eliminiert. Im Koran kommt der Person Johannes des Täufers für die Entfaltung von Jesu Wirken keinerlei Funktion zu, beide Geschichten bleiben unverbunden nebeneinander stehen.

Die „Rede", die der neugeborene Jesus-Isa zur Verteidigung seiner Mutter hält, zeigt am deutlichsten die Kernpunkte des koranischen Jesusbildes.

Die Verteidigungsrede des Neugeborenen in Sure 19

Diese Rede setzt ein, als Maryam mit dem Neugeborenen in ihr Dorf zurückkehrt und des Ehebruchs beschuldigt wird: „Da wies sie [= Maria] auf ihn (d.h. den Jesusknaben). Sie [= die Dorfbewohner] sagten: ,Wie sollen wir mit einem sprechen, der als kleiner Junge (noch) in der Wiege liegt?'" (Sure 19,29). Die Sure lässt den Jesusknaben selbst diese Frage beantworten: „Er [= der neugeborene Jesusknabe] sagte: ,Ich bin der Diener Allahs. Er hat mir die Schrift gegeben und mich zu einem Propheten gemacht. Und er hat gemacht, dass mir, wo immer ich bin, die Gabe des Segens verliehen ist, und mir das Gebet zu verrichten und die Armensteuer zu geben anbefohlen, solange ich lebe, und dass ich gegen meine Mutter pietätvoll sein soll. Und er hat mich nicht gewalttätig und unselig gemacht. Heil sei über mir am Tag, da ich geboren wurde, am Tag, da ich sterbe, und am Tag, da ich wieder zum Leben erweckt werde!'" (Sure 19,30–33).

Als erstes fällt bei dieser Rede auf, wie sehr der über sich selbst sprechende Jesus-Isa dem Bild Muhammads angeglichen worden ist: Er ist ein „Diener Allahs", erhebt keinerlei Anspruch auf Göttlichkeit, hat aber eine göttlich verliehene „Gabe des Segens". Der Leser bemerkt überdies, dass dieser Isa ein islamkonformes Verhalten an den Tag legt, d.h. er praktiziert Gebet und Armensteuer, überdies wird er eines Tages auferweckt.

Charakteristisch für diesen koranischen Jesus ist auch, dass ihm „die Schrift" verliehen wurde. Diese sprachliche Figur findet sich im Zusammenhang mit Jesus wiederholt im Koran. Damit soll eine Analogie hergestellt werden: Mose wurde die Torah übergeben, Jesus „das Evangelium" – und Muhammad der Koran. Dass bei Jesus von einer „Schrift" im Singular gesprochen wird, „entspricht der spezifisch koranischen Vorstellung von nicht vier Evangelien über Jesus, sondern einer ihm [= Jesus] selbst geschenkten Offenbarung."[118] Was der Koran über Muhammad sagt, wurde also auch in dieser Hinsicht auf Jesus übertragen: *Die Schrift* – womit „das Evangelium" gemeint ist – *berichtet* nicht über Jesus, sondern wurde ihm *übergeben*.

Jesus als präfigurierter Muhammad und Prophetentypus

Den Koranautoren waren die theologischen Streitigkeiten rund um die Person Jesu bekannt. Diese sind gegenwärtig, wenn Jesus-Isa im Koran als „Prophet" gezeichnet wird, der einem bestimmten Muster entspricht.

Sure 19 knüpft im Anschluss an die Verteidigungsrede des Neugeborenen an diese Streitigkeiten an: „Solcher Art ist Jesus, der Sohn der Maria – um die Wahrheit zu sagen, über die sie (d.h. die [aus muslimischer Perspektive] Ungläubigen

---

118 Neuwirth 2010, S. 488.

unter den Christen) immer noch im Zweifel sind. Es steht Allah nicht an, sich irgendein Kind zuzulegen. Gepriesen sei er! [andere Übersetzung: Darüber ist er erhaben]. Wenn er eine Sache beschlossen hat, sagt er zu ihr nur: Sei!, dann ist sie. Und Jesus sagte: ‚Allah ist mein und euer Herr. Dienet ihm! Das ist ein gerader Weg.' Aber dann wurden die Gruppen untereinander uneins. Wehe denen, die ungläubig sind..." (Sure 19,34–37).

Diese Darstellung macht Jesus zum Kronzeugen für die Wahrung des „reinen" Monotheismus, denn er lehnt kategorisch den Sohn-Gottes-Titel für sich ab. Als ein solcher Verkünder des Einheitsglaubens ruft er auch selbst zur Einheit im Glauben. Jesus-Isa wird also als „theologisch umstrittene Figur mit einem festen, in späteren Suren öfter wiederholten Wahlspruch (Sure 19,36)"[119] dargestellt: „Allah ist mein und euer Herr. Dienet ihm! Das ist ein gerader Weg." Die „Uneinigkeit" in Vers 37 spielt auf die jüdisch-christlichen und innerchristlichen Auseinandersetzungen rund um Jesus an.

Was der Koran hier über Jesus sagt, gibt in erster Linie die Situation des Muhammad und seiner entstehenden islamischen Gemeinschaft wieder: heftige Auseinandersetzungen rund um deren Kampf für einen „reinen" Monotheismus. Mit diesem Bild von Jesus-Isa als eines präfigurierten Muhammad nimmt ihn die entstehende islamische Gemeinschaft als eine weitere „prominente" Autorität für sich in Anspruch.

Dahinter steht die im Koran immer wieder anzutreffende Schematisierung eines Prophetentypus, die sich folgendermaßen zusammenfassen lässt: Er verkündet die Botschaft vom Monotheismus und wird dabei von Allah mit „Beglaubigungswundern ausgestattet; er findet Anhänger und Helfer,

---

119 Neuwirth 2010, S. 489.

aber noch mehr Gegner, die ihm nach dem Leben trachten; zum Schluss wird er durch Gottes Eingreifen gerettet."[120] Das ist das Grundschema des modellhaften Propheten. Dementsprechend gestaltet der Koran auch den historischen Jesus, sodass auch er auf Muhammad hinführt.

Ablehnung der Kreuzigung Jesu

Auf dieser Linie liegt auch ein zentrales Charakteristikum des koranischen Jesus-Bildes: die Leugnung der Kreuzigung Jesu, bzw. ihre kurze Erwähnung als eine Schein-Kreuzigung. Diese wird in Sure 4,157–158 im Rahmen eines scharf antijüdischen Diskurses benannt und kommt im Koran nur an dieser Stelle vor: „...und weil sie [= die Juden] sprachen: ‚Wir haben Christus Jesus, den Sohn Marias, den Gesandten Allahs, getötet!' Aber sie haben ihn nicht getötet und haben ihn auch nicht gekreuzigt. Sondern es kam ihnen nur so vor. Siehe, jene, die darüber uneins sind, sind wahrlich über ihn im Zweifel. Kein Wissen haben sie darüber, nur der Vermutung folgen sie. Sie haben ihn nicht getötet, mit Gewissheit nicht, vielmehr hat Allah ihn hin zu sich erhoben. Allah ist mächtig, weise."

Diese Darstellung richtet sich sowohl gegen Juden als auch gegen Christen. Die beiden Verse sind umrahmt von einer langen Liste von „Missetaten" der Juden (Sure 4,153–160). Den Juden wird zwar nicht die Tötung Jesu, „sondern die Behauptung, sie hätten Jesus getötet, vorgeworfen."[121] Jeder Muslim entnimmt diesen Koranversen aber die Botschaft, dass die Juden in doppelter Weise schuldig sind: Erstens haben sie den „Propheten Jesus" bis aufs Blut verfolgt und zweitens lügen sie, weil sie die – scheinbar – wirklichen Vorgänge,

---

120 Busse 1991, S. 123f.
121 Busse 1991, S. 136.

nämlich Jesu Errettung vor der Kreuzigung, verschleiern. Die Tragik der Christen besteht nach dieser Logik darin, dass sie den Juden diese „Lüge" geglaubt haben und bis heute ihren Glauben darauf aufbauen. Jedes Kreuz, das ein Muslim sieht, ruft folglich diese Verdächtigungen und Verdrehungen in ihm wach.

Rückgriff auf den Doketismus

Bei der Rettung Jesu aus der „Gefahr der Kreuzigung" greift der Koran auf eine doketistische Lösung zurück. „Doketismus" leitet sich aus dem griechischen Wort *dokein* ab, was „so scheinen als ob" bedeutet. Damit ist eine frühchristliche Häresie zusammengefasst, die Jesus nur ein *scheinbares* Leiden und eine *scheinbare* menschliche Existenz zutraut. In Wirklichkeit sei er – nach dieser christlich-häretischen Vorstellung – als „wahrer Gott" von all dem unberührt geblieben. Diese Leugnung des vollen Menschseins Jesu ist von griechischen philosophischen Vorstellungen geprägt, welche die innere „Erkenntnis" („Gnosis") über die reale „Erlösung" des *ganzen* menschlichen Lebens stellten. Der Doketismus, auf den der Koran hier zurückgreift, speist sich aus einem gnostisch-häretischen Umfeld mit seinem scharf betonten Unterschied von Materie und Geist. Er kam den Koranautoren offensichtlich gerade recht, um ihre eigene Auffassung vom Prophetenamt zu unterstreichen.

Dieser von seinem realen Leben losgelöste Jesus-Isa nach dem Schema eines erretteten Propheten ist freilich eine Geschichtsfälschung. Abgesehen von den übereinstimmenden Berichten zur Kreuzigung in den Evangelien spricht gerade der *Skandal* eines gekreuzigten Messias für die Authentizität des Geschehenen. Aus der Sicht der Anhänger wäre es bedeutend naheliegender gewesen, dieses „skandalöse" Schicksal ihres Messias nicht so zentral festzuhalten, sondern zu übergehen.

Die koranische Ablehnung dieses historischen Vorgangs gibt damit genau die Einstellung wieder, dass die Kreuzigung eines Gerechten ein unerträgliches „Skandalon" war.

Die koranische Darstellung offenbart aber auch ein fundamentales theologisches Unverständnis: So wie es auch an anderen Stellen im Koran keine freie Mitwirkung des Menschen am Erlösungsgeschehen gibt, so hat auch der koranische Jesus-Isa *als Mensch* nicht wirklich bis zum Ende daran mitgewirkt.

Das weitere Schicksal Jesu, also ob er eines natürlichen Todes starb oder ob er dauerhaft „errettet" wurde, lässt der Koran offen. Die hier dargestellte Sicht auf Tod und Errettung Jesu ist jedenfalls bestimmend für das islamische Jesus-Bild. So interpretiert etwa auch Muhammad ibn Jarir al-Tabari (839–923), ein maßgeblicher muslimischer Koran-Kommentator, die Kreuzigung Jesu im Sinne des (doketistischen) Scheintodes Jesu und seiner anschließenden Errettung. Zusätzlich gibt al-Tabari einige damals im Umlauf befindliche Geschichten wieder, die alle auf eine Täuschung hinauslaufen. Auch diese Erzählungen verweisen auf gnostische Richtungen, die vermutlich sogar von manichäischen Strömungen beeinflusst waren.[122]

Jesus-Isa als endzeitlicher Ankläger der Christen

Im Anschluss an die Leugnung der Kreuzigung geht Sure 4,159 sogar noch einen Schritt weiter: Jesus-Isa werde beim Endgericht („am Tag der Auferstehung") Zeuge sein über die „Leute der Schrift". Aus der christlichen Vorstellung von

---

122 Vgl. dazu auch Simon 1997, 139: „Die scheinbare Kreuzigung Jesu ist letztlich eine Doktrin, die Muhammad wahrscheinlich in einem gnostisch-manichäischen Kontext gehört hat."

Christus als dem Weltenrichter ist in der koranischen Version also ein anklagender Zeuge gegen die Christen unter dem Schiedsspruch Allahs geworden. Damit steht Jesus in einer Reihe mit vielen weiteren „Zeugen", die beim Endgericht mit ihrer Gemeinschaft vor Allah zu erscheinen haben. So ist etwa in Sure 10,47 zu lesen: „Und jede Gemeinschaft hat einen Gesandten. Wenn nun (beim Gericht zu den Leuten einer Gemeinschaft) ihr Gesandter kommt (und Zeugnis über sie ablegt), wird zwischen ihnen in Gerechtigkeit entschieden."

Bei diesem Endgericht wird auch über das christliche Gottesbild entschieden. Bei der Schilderung dieses angeblich christlichen Gottesbildes gibt der Koran verzerrte Vorstellungen wieder: Die imaginierte christliche Trinität bestehe aus Gott, Jesus und Maria. Sure 5,116 kleidet diese Vorstellung in einen Vorwurf Allahs an Jesus-Isa: „Jesus, Sohn der Maria! Hast du etwa zu den Leuten gesagt: ‚Nehmt euch außer Allah mich und meine Mutter zu Göttern!'?" Selbstredend weist Jesus-Isa diese absurde Anklage zurück.

Über die Quelle dieser eigenartigen Auffassung von Trinität ist viel spekuliert worden. Möglicherweise haben die Koranautoren dieses Gottesbild Gesprächen mit häretischen Christen, etwa den „Philomarianiten", entnommen.[123] Die Zurückweisung dieser Vorstellung durch Jesus-Isa enthält

---

123 Diese auch unter dem Namen „Kollyridianerinnen" bekannte christliche Sekte interpretierte den Theotokos-Titel Marias (Maria als „Gottesgebärerin") im Sinne einer quasi-göttlichen Erhöhung Marias und ihrer Einsetzung zur „Priesterin des Neuen Bundes". Räisänen verweist darauf, dass man „namentlich in Syrien ... von alters her daran gewöhnt [war], einen göttlichen Vater, eine göttliche Mutter und einen göttlichen Sohn zu einer Götterfamilie zusammenzustellen." (Räisänen 1971, S. 84).

denn auch den polemischen Vorwurf, dass sich die Trinitätsvorstellung nach der Himmelfahrt (in koranischer Diktion: „Abberufung") Jesu entgegen seinen eigenen Intentionen entwickelt habe (Sure 5,117b). Insgesamt dient der koranische Jesus-Isa hier also dazu, die „unverständigen" Christen zu kritisieren. Dass dieser Jesus dabei sogar Allah in die Verantwortung einbezieht, enthält eine bestimmte Logik: Von der Himmelfahrt Jesu bis zum Gericht kann Allah es zulassen, dass Menschen Irrlehren vertreten – um dann der Strafe anheimzufallen (Sure 5,118–120).

Das koranische Jesus-Bild wirkt sich – wenn auch indirekt – bis ins tägliche Gebetsleben jedes frommen Muslims aus. Denn das häufig ausgesprochene Kurzgebet „Basmala" (‚Im Namen des barmherzigen und gnädigen Gottes'), die zentrale Anrufungsformel zu Beginn jeder Koransure und in der islamischen Gebetspraxis bis heute, könnte seinen Ursprung auch in einer bewusst als Absetzung gemeinten Neuformulierung der trinitarischen Gebetseinleitung („Im Namen des Vaters und des Sohnes und des Heiligen Geistes") haben.

3.3. Die koranische Argumentation gegen die Göttlichkeit Jesu

Argumentationsmuster

Die Zurückweisung der Göttlichkeit Jesu greift zu verschiedenen Argumenten, welche die Koranautoren zumeist im jüdischen oder christlich-häretischen Umfeld vorgefunden haben. Die Tatsache etwa, dass Jesus Nahrung zu sich nahm, wird zum Anlass für die Schlussfolgerung, dass er ein Mensch und nicht Gott war.[124] Die „Erschaffung" Jesu im Leib der Maria sei ein analoger Vorgang zur Erschaffung Adams aus

---

124 Vgl. Sure 5,75: „Christus, der Sohn der Maria, ist nur ein Gesandter. Vor ihm hat es schon (andere) Gesandte gegeben…

Lehm.[125] Wenn Christen gegen all das Schriftbeweise anführen, sind sie Schriftfälscher.[126]

Abgesehen von grundlegenden theologischen Missverständnissen wird in diesen koranischen Argumenten wieder das Problem sichtbar, dass der Koran keine authentischen christlichen Glaubensüberzeugungen wiedergibt, sondern Stimmen aus dem Chor der zumeist polemisch geführten theologischen Auseinandersetzungen. Dass sich diese Stimmen im Koran erhalten haben, ist aus historischer Perspektive interessant, denn der Koran erweist sich damit als Depot von Häresien und theologischen Missverständnissen. In einem theologisch aufgeklärten Licht betrachtet, kann etwa das Essen Jesu kein Argument gegen seine Göttlichkeit sein: Die „göttliche Natur" Jesu ist kein Gegensatz zu normalen menschlichen Vorgängen im Leben Jesu. Denn die menschliche Natur mit allem, was das beinhaltet, ist – wie es das Konzil von Chalzedon im Jahr 451 ausgedrückt hat – in Jesus „unvermischt" mit seiner göttlichen Natur verbunden. Das richtige Verstehen dieser theologischen Aussage ist also auch heute von hoher Relevanz. Die Dringlichkeit dieses Verstehens verdichtet sich in der Frage nach dem Sohn-Gottes-Titel Jesu.

Sie [gemeint sind Jesus und seine Mutter] pflegten Speise zu sich zu nehmen." Daran schließt sich der Vorwurf an die Christen an, dass sie trotzdem Jesus vergöttlichen.

125 Vgl. Sure 3,59: „Jesus ist (was seine Erschaffung angeht) vor Gott gleich wie Adam. Den schuf er aus Erde. Hierauf sagte er zu ihm nur: sei!, da war er."

126 Vgl. Sure 3,78: „Und einige von ihnen [= hier sind Christen gemeint] verdrehen den Wortlaut der Schrift, damit ihr [= Muslime] meint, es (d.h. das, was sie sagen) stamme aus der Schrift, während es (in Wirklichkeit) nicht daraus stammt..."

Der Sohn-Gottes-Titel

Der entscheidende Kontroverspunkt gegenüber jeder kirchlichen Christologie betrifft den „Sohn Gottes"-Titel.[127] *Was* dabei im Koran zurückgewiesen wird, stellt auch in dieser Frage nicht das christliche Verständnis selbst dar, sondern das, was die Koranautoren darunter verstanden haben. So werden in Sure 19,88 die „Ungläubigen" mit dem Ausspruch zitiert „Der Barmherzige hat ein Kind angenommen", was anschließend scharf zurückgewiesen wird. Das hier verwendete Wort für „Kind", auf Arabisch *walad*, meint einen physisch gezeugten Nachkommen. Hier und auch an anderen Stellen ist das Kernmotiv für die koranische Kritik am Sohn-Gottes-Titel die Sorge um die Wahrung der absoluten Souveränität Gottes.[128]

Das Nizäno-Konstantinopolitanische Glaubensbekenntnis hat über Christus als *den ewigen Sohn* („aus dem Vater geboren vor aller Zeit") die Aussage gemacht, dass er „gezeugt,

---

127 In der Koranforschung wird darüber diskutiert, ob sich die koranische Kritik nicht nur gegen christliche Trinitäts- und Gottessohn-Vorstellungen wendet, sondern vor allem gegen *heidnische* „Götter-Sohn/Götter-Tochter"-Traditionen. Sure 53,21 jedenfalls fragt kritisch, ob bestimmte bei den Mekkanern populäre weibliche Figuren rechtmäßig „als Töchter Gottes anzusprechen" seien und Sure 43,58 zeigt, dass die Mekkaner Jesus als Konkurrent ihrer eigenen Gottheiten wahrnahmen. Es könnte also sein, dass die Koranautoren primär eine antipagane und weniger eine antichristliche Polemik im Sinn hatten.

128 Deswegen wird sogar ein ganz offensichtlich nur *bildlicher* Gebrauch des (biblisch bezeugten) Sohn-Gottes-Titels strikt abgelehnt so etwa in Sure 5,18: „Und die Juden und Christen sagen: ‚Wir sind Gottes Söhne und seine Günstlinge.'

nicht geschaffen"¹²⁹ ist. Die Sinnspitze dieser Aussage liegt nicht im „gezeugt", sondern in der *Abwehr* der Vorstellung einer Kreatürlichkeit Jesu, also im „nicht geschaffen". Es sollte damit ein *theologisches* Missverständnis abgewehrt werden: Jesus Christus ist nicht eine Kreatur neben anderen Kreaturen, er ist nicht einfach ein Teil der Schöpfung, wenn auch ein besonders herausgehobener. Genau das war jahrhundertelang die Lehre des Arianismus. Mit der Formulierung „gezeugt, nicht geschaffen" steht das Glaubensbekenntnis hingegen auf der Grundlage des neutestamentlichen Berichtes von Lk 1,35, nach dem Jesus „geist-gezeugt" war. Dieser Bericht ist wiederum geprägt von einer entsprechenden Tradition bereits im Alten Testament. So lässt Psalm 2,7 Gott zu „seinem Gesalbten" den Satz sprechen: „Mein Sohn bist du. Ich selber habe dich heute gezeugt."

Diese Aspekte einer Sohn-Gottes-Theologie waren Muhammad offensichtlich nicht zugänglich und so hat er nur das *Zerrbild* einer Gottessohnschaft aufgegriffen, bei welcher Gott physisch an einer Zeugung beteiligt gewesen wäre – um diese Vorstellung dann zurückzuweisen.

Sag: Warum bestraft er euch dann für eure Schuld? Nein! Ihr seid Menschen (wie alle anderen) die er geschaffen hat. Er vergibt, wem er will, und bestraft, wen er will. Gott hat die Herrschaft über Himmel und Erde und (alles) was dazwischen ist. Bei ihm wird es (schließlich alles) enden."

129 Ursprünglich ist das Glaubensbekenntnis auf Griechisch formuliert, in der bekannten lateinischen Fassung heißt dieser Satzteil „genitum, non factum".

3.4 Jesus in einer aktuellen muslimisch-christlichen Annäherung

Der Ansatz der Komparativen Theologie

Gegen Ende des 20. Jahrhunderts ist in den USA – als eine Antwort auf die globale Begegnung von Religionen und Kulturen – vor allem unter katholischen Theologen die sogenannte „Komparative Theologie" entstanden. Sie hat sich zum Ziel gesetzt, von anderen religiösen Traditionen zu lernen, und will zugleich in der eigenen religiösen Tradition verwurzelt bleiben. Der Initiator dieser theologischen Richtung, der US-amerikanische Jesuit und Religionswissenschaftler Francis Clooney, definiert diesen Ansatz folgendermaßen: „Dieses Lernen wird gesucht um der unverbrauchten theologischen Einsichten willen, die sich der oder den neu kennengelernten Tradition(en) ebenso verdanken wie der eigenen."[130] Dabei wird eine Akzentverschiebung gegenüber der vorangegangenen, sogenannten „religionspluralistischen Theologie" vorgenommen, welche die Verschiedenheit der Religionen vor allem mit verschiedenen religiösen „Linsen" zu erklären gesucht hatte.

In der Komparativen Theologie hingegen soll durch den Blick auf die anderen Religionen auch das Christentum selbst zu mehr „Wahrheit" geführt werden. Ein wesentlicher Impetus liegt dabei in der Abkehr von früherer Apologetik, die in dieser Optik als der Versuch zusammengefasst wird, im Religionsvergleich nur die Höherwertigkeit der eigenen Religion unter Beweis stellen zu wollen.

---

130 Clooney, Francis X.: Komparative Theologie. Eingehendes Lernen über religiöse Grenzen hinweg. Paderborn: Ferdinand Schöningh: Paderborn 2013, S. 21.

Bereits hier ist kritisch anzumerken, dass mit dem Hinweis auf die Abkehr von Apologetik das Anliegen etwa der frühchristlichen „Apologeten" nur unzutreffend wiedergegeben ist. Deren Aufgabe bestand darin, jeweils herauszuarbeiten, was das spezifisch Christliche ausmacht und was nicht. Damit haben diese „Apologeten" auf dem religionskritischen Prozess aufgebaut, der bereits das Alte Testament durchzieht und der wesentlich die entsprechende Weltgestaltung im Blick hat.[131] Die Komparative Theologie hat sich von dieser Tradition einer apologetischen Unterscheidung jedenfalls verabschiedet, auch weil sie das Christentum offensichtlich primär mit einem auf das Religiöse beschränkten Denken und Handeln identifiziert.[132]

Der komparative Ansatz und die koranische Frage nach Jesus

Der katholische Theologe Klaus von Stosch, der maßgebliche Vertreter dieses theologischen Ansatzes im deutschen Sprachraum[133], geht von der Prämisse aus, „durch die Begegnung

---

131 Vgl. dazu etwa Psalm 115,1–9.
132 So berichtet etwa Francis X. Clooney in einem biographischen Rückblick auf die Genese der Komparativen Theologie davon, wie ihn seine Lehrtätigkeit in einem hinduistisch-buddhistischen Umfeld in Nepal verändert hat: „Ich hatte zu lernen, um unterrichten zu können, und meine hinduistischen und buddhistischen Schüler lehrten mich viel darüber, wie man religiös denkt, handelt und liebt." (Clooney 2013, S. 27f.).
133 Dass die Komparative Theologie kein Randphänomen darstellt, lässt sich einem Bericht aus dem Jahr 2019 von Klaus von Stosch entnehmen: „Als mich vor kurzem ein Kollege zu einer kleinen Konferenz zur Komparativen Theologie nach

mit anderen Religionen Entscheidendes über Gott und seine Offenbarung in Christus [zu] lernen."[134] In Anwendung dieses Ansatzes im christlich-muslimischen Gespräch soll besonders die Frage nach Jesus vorangebracht werden.

Wie gestaltet sich dieser Versuch im Hinblick auf das koranische Jesusbild?

Von Stosch legt zusammen mit dem muslimischen Theologen Mouhanad Khorchide einen Annäherungsversuch vor. Von Stosch geht dabei der Frage nach, „ob es von christlicher Seite aus denkbar ist, die koranischen Würdigungen Jesu von Nazaret als Christologie anzuerkennen, die auch Christen etwas zu sagen hat, […] ob man die Fremdheit dieses Zugangs als Bereicherung der eigenen Identität entdecken kann."[135] Im Zuge dessen wird das Jesus-Bild befragt, das sowohl

---

Genf einlud, fragte ich ihn, wie er auf das Thema gekommen sei. ‚Nun, irgendwie liegt es in der Luft‘, war seine Antwort. Und in der Tat gibt es derzeit außerhalb Deutschlands immer mehr Universitäten, die das Thema aufgreifen und die internationalen Publikationen bekommen Format und lassen genauere Konturen für diese neue Arbeitsweise in der Theologie erkennen." (Stosch, Klaus von: Zur Lage Komparativer Theologie. In: Theologische Revue 2019 Nr. 5. Hrsg. Katholisch-Theologische Fakultät der Universität Münster: Münster 2019, S. 355). Überdies werden die Dialogbemühungen der Komparativen Theologie in Deutschland staatlicherseits stark gefördert: So steht Von Stosch und seinem muslimischen Gesprächspartner Mouhanad Khorchide eine interreligiös besetzte Arbeitsgruppe der *Deutschen Forschungsgemeinschaft* (DFG) zur Verfügung.

134 Stosch, Klaus von 2019, S. 355.
135 Stosch, Klaus von et al. (Hrsg.): Streit um Jesus. Schöningh: Paderborn 2016, S. 7.

vom sunnitischen als auch vom wesentlich umfangreicheren schiitischen Koran gezeichnet wird. Wiederholt wird dabei die Frage gestellt, ob „wechselseitige Lernprozesse eintreten können, ohne die Unterschiede zwischen beiden Religionen zu nivellieren."[136]

Auf der Basis einer historisch-literarwissenschaftlichen Koranexegese wird detailliert nachgezeichnet, wie sich die Sicht auf Jesus innerhalb der Entstehungszeit des Korans entwickelt hat. Dadurch ergibt sich ein unter historischer Perspektive durchaus differenziertes Jesus-Bild. Von Stosch betont wiederholt, die eigene christliche Identität festhalten zu wollen, versagt sich aber eine Deutung aus „exklusiv" christlicher Sicht: „Mein leitendes Interesse ist dabei ausdrücklich kein apologetisches, und ich will nach Möglichkeit keine Deutungsangebote machen, die aus muslimischer Sicht dem Koran widersprechen [...]. Die hier gewählte Perspektive will den Koran also als bedeutsamen, möglicherweise von Gott kommenden Text ernst nehmen und muslimische Auslegungstraditionen dieses Textes ebenso respektieren und in die eigene Deutung einbeziehen wie zeitgenössische muslimische Deutungsvorschläge."[137]

Dabei kommt von Stosch zu dem Ergebnis, dass der Koran durchaus bereit sei, „einige der zentralen Ansatzpunkte für die Christologie zu bestätigen, [er] aber im selben Atemzug Warnschilder auf[stellt], die vor Fehlentwicklungen in der christlichen Theologie warnen."[138] Als das maßgebliche Kriterium für die Formung des koranischen Jesus-Bildes wird die Wahrung der absoluten Souveränität des Handelns Gottes

---

136 Stosch 2016, S. 8.
137 Stosch, Versuch einer ersten diachronen Lektüre der Jesusverse im Koran. In: Stosch 2016, S. 16.
138 Stosch 2016, S. 43.

herausgestellt. Eine sich aus all dem ergebende „koran-sensible", neue christliche Sicht auf Jesus fasst von Stosch so zusammen: „Vielleicht es ja doch [...] auch mit dem Koran möglich festzuhalten, dass die Besonderheit Jesu darin besteht, dass er so vom Geist Gottes erfüllt ist, dass er uns zum Wort Gottes wird und uns durch sein Leben und seine Lehre veranschaulicht, was es heißt, ein Diener Gottes und gerade darin ein vorbildlicher Mensch zu sein."[139]

Mit dieser Quintessenz gilt es sich folglich auseinanderzusetzen.

Anfragen an den komparativen Ansatz

Ein wichtiges Ergebnis dieses Dialogs – selbst wenn diese Entdeckung nicht wirklich neu ist – besteht darin, dass der Koran wiederholt christliche Lehren zurückweist, die sich aus *heutiger* Sicht als Häresien oder Missverständnisse erwiesen haben. Das Bestreben, die Souveränität Gottes zu wahren, führte im Koran also wiederholt zu Urteilen, die den authentischen christlichen Glauben gar nicht betreffen. Abgesehen von diesem zu würdigenden Einzelergebnis und abgesehen von einer vermeintlichen atmosphärischen Verbesserung im christlich-muslimischen Dialog, müssen jedoch einige kritische Fragen an diesen Ansatz gestellt werden.[140]

---

139 Stosch 2016, S. 43f.

140 Dass diese Theologie auch mit entsprechenden politischen Optionen verbunden ist, zeigt bereits das Faktum, dass Von Stosch im Februar 2018 von Hassan Rohani, dem Präsidenten der Islamischen Republik Iran den *World Award for Book of the Year of Islamic Republic of Iran* verliehen bekommen hat. Angesichts des ununterbrochen geäußerten

Die grundlegende Anfrage ist, ob eine „koran-sensible Jesus-Lektüre" unterschiedliche Sichtweisen überhaupt benennen kann, ohne bereits ein bestimmtes Vorverständnis zu akzeptieren. Von Stosch will, wie erwähnt, „nicht apologetisch sein" und meint damit, „keine Deutungsangebote [zu] machen, die [...] dem Koran widersprechen."[141] Das bedeutet nichts anderes als dass damit eine Anpassung christlicher Glaubensüberzeugungen an die koranische Sicht stattgefunden hat.

Die zweite, damit zusammenhängende kritische Anfrage ist, ob die hier vertretene „christliche" Sicht nicht bereits so verkümmert und auf angebliche „pastorale Anregungen" hin zugeschnitten ist, dass sie gar nicht mehr die Fülle des christlichen Verständnisses wiedergibt. Dieser Eindruck drängt sich auf, wenn von Stosch wiederholt versucht, Details aus dem koranischen Jesus-Bild in pastorale Anregungen für heutige Christen umzumünzen. So empfiehlt er etwa, die Verteidigungsrede des neugeborenen Jesuskindes in Sure 19,30–33 zu einer „Herzenseinsicht" zu nutzen, die „uns einlädt, die Fähigkeiten und Begabungen von Babys und Kindern mit neuer Aufmerksamkeit zu betrachten."[142] Die Alte Kirche mit ihren von diesem Ansatz gescholtenen „Apologeten" hatte beim Zurückweisen derartiger Legendenbildungen – wie der theologischen Ansprache eines Neugeborenen – bedeutend mehr theologischen Sachverstand.

Vernichtungswillens dieses Staates gegenüber dem Staat Israel und der brutalen Unterdrückung der eigenen Opposition ist das eine äußerst ambivalente Ehrung. Erstaunlicherweise berichteten selbst katholische Medien durchgehend anerkennend über diese „Ehrung".

141 Stosch 2016, S. 16.
142 Stosch 2016, S. 19.

Noch gravierender als diese Art von pastoraler Infantilisierung ist jedoch, dass darin ein gravierendes theologisches Problem zu Tage tritt.

Um dessen Tragweite zu erkennen, ist an einen Grundlagentext aus dem 2. Vatikanischen Konzil zu erinnern: „Zu aller Zeit und in jedem Volk ruht Gottes Wohlgefallen auf jedem, der ihn fürchtet und gerecht handelt (vgl. Apg 10,35). Gott hat es aber gefallen, die Menschen nicht einzeln, unabhängig von aller wechselseitigen Verbindung, zu heiligen und zu retten, sondern sie zu einem Volke zu machen, das ihn in Wahrheit anerkennen und ihm in Heiligkeit dienen soll. So hat er sich das Volk Israel zum Eigenvolk erwählt und hat mit ihm einen Bund geschlossen und es Stufe für Stufe unterwiesen."[143]

Das bedeutet, dass das eigentliche Subjekt jeder Theologie Gott selbst ist, der seit Abraham bestrebt ist, sich auf dieser Welt ein Volk zu sammeln. Dieses Volk hat in einem jahrhundertelangen Ringen erkannt und benannt, dass Gott mit diesem Volk als seinem „Instrument" der ganzen Welt „Heil" bereiten will. Es ist folglich nicht in erster Linie der einzelne Gläubige, der ein Detail mit „neuer Aufmerksamkeit betrachten" sollte – obwohl das Volk Gottes natürlich auf jeden einzelnen darin angewiesen ist. Theologie auf eine „Bereicherung" von individuellem Glaubensleben zu verengen, würde bedeuten, sich von diesem Fundament biblischen Erbes zu verabschieden. Statt verführerisch schlichter pastoraler Anregungen eines „koran-sensiblen" Jesus bräuchte es

---

143 Aus der Dogmatischen Konstitution *Lumen Gentium* des 2. Vatikanums vom 16.11.1964, Nr. 9. In: http://www.vatican.va/archive/hist_councils/ii_vatican_council/documents/vat-ii_const_19641121_lumen-gentium_ge.html (abgerufen am: 21.04.2020).

also eine Neubesinnung auf die Wurzeln jeder theologischen Rede im biblisch bezeugten Volk Gottes, das Israel und die Kirche umfasst.[144]

Der Blick auf das koranische Jesus-Bild wäre also in einer völlig anderen Weise fruchtbar zu machen. Die im Koran durchgängig zu beobachtende Verformung biblischer Figuren für eigene Ansprüche könnte zu einem Impuls werden, die Sicht auf Jesus gerade von den biblischen und kirchlichen *Quellen* her neu zu entdecken. Der folgende Abschnitt will einen Beitrag zu einem solchen vertieften Verstehen Jesu vorlegen.

3.5. Ein vertieftes Verstehen Jesu

Die Herausforderung durch unterschiedliche Kulturen

Ein neues und vertieftes Verstehen Jesu steht seit geraumer Zeit vor der Herausforderung, wie die „Inkulturation" des Christentums in fremde Kulturen gelingen kann.[145] Diese Frage ist von zentraler Bedeutung, denn häufig wurde im Zuge der Kolonialgeschichte der Eindruck vermittelt, als

---

144 Ein bemerkenswerter Hinweis in diese Richtung findet sich etwa im Nachsynodalen Apostolischen Schreiben *Querida Amazonia* von Papst Franziskus vom Februar 2020. In Nr. 33 betont er darin die Wichtigkeit besonders für junge Menschen, sich der eigenen Wurzeln bewusst zu sein: „Für die Getauften unter ihnen umfassen diese Wurzeln die Geschichte des Volkes Israel und der Kirche. Sie zu kennen ist eine Quelle der Freude und vor allem der Hoffnung, die zu mutigen und edlen Taten inspiriert." Quelle: http://w2.vatican.va/content/ francesco/de/ apost_exhortations/documents/papa-francesco_ esortazione-ap_20200202_querida-amazonia.html (abgerufen am: 15.3.2020).

145 Vgl. dazu das Dokument der Internationalen Theologischen Kommission des Vatikans zum Thema *Glaube und*

ob Jesus ein weißer Europäer gewesen wäre. Entsprechende bildliche Darstellungen bis heute tragen das Ihre zu diesem Eindruck bei. Die Gegenreaktion dazu ist dann eine „postkoloniale Theologie", welche traditionelle theologische Positionen dann oft dementsprechend pauschal in Frage stellt.

Woran müsste sich ein vertieftes Verstehen Jesu stattdessen orientieren?

Die Tradition Israels als Korrektiv

Der protestantische Exeget Julius Wellhausen (1844–1918) gelangte bereits zu Beginn des 20. Jahrhunderts zu der Erkenntnis, dass Jesus kein Christ, sondern Jude war: „Er verkündete keinen neuen Glauben, sondern er lehrte den Willen Gottes zu tun. Der Wille Gottes stand für ihn wie für die Juden im Gesetz und in den übrigen heiligen Schriften, die dazu gerechnet wurden."[146] Seither wurde diese Grundeinsicht vielfach aufgegriffen, insbesondere im Gefolge des Erschreckens über den Holocaust und die – wenn auch mit einiger Verspätung – damit verbundene theologische Neubesinnung. So heißt es in der Erklärung *Nostra aetate* des Zweiten Vatikanischen Konzils (1965) unter Verweis auf

---

Inkulturation (1988): http://www.vatican.va/roman_curia/congregations/cfaith/cti_documents/ rc_cti_1988_fede-inculturazione_ge.html (abgerufen am: 15.3.2020). Dort heißt es etwa unter *Aktuelle Herausforderungen der Inkulturation* (Ziffer III.14): „Die Inkulturation, die den Weg des Dialogs mit den Religionen aufnimmt, darf auf keinen Fall dem Synkretismus Vorschub leisten."

146 Wellhausen, Julius: Einleitung in die drei Evangelien. Georg Reimer: Berlin 1905, S. 113. Bereits davor waren jüdische Autoren zu ähnlichen Einsichten gelangt, die allerdings zu deren Zeit kaum ein Echo fanden.

den neutestamentlichen Römerbrief unter anderem: „Die Kirche hat auch stets die Worte des Apostels Paulus vor Augen, der von seinen Stammverwandten sagt, dass ‚ihnen die Annahme an Sohnes Statt und die Herrlichkeit, der Bund und das Gesetz, der Gottesdienst und die Verheißungen gehören wie auch die Väter und dass aus ihnen Christus dem Fleische nach stammt' (*Röm 9,4–5*), der Sohn der Jungfrau Maria. Auch hält sie sich gegenwärtig, dass aus dem jüdischen Volk die Apostel stammen, die Grundfesten und Säulen der Kirche, sowie die meisten jener ersten Jünger, die das Evangelium Christi der Welt verkündet haben."[147]

Inzwischen wurde viel darüber geschrieben.[148] Auch in Katechese und Verkündigung wurden diese Zusammenhänge ein wichtiges Thema[149] oder sollten es nach dem Willen maßgeblicher kirchlicher Stellungnahmen sein.

In diesem Sinne wies auch Kardinal Jean-Marie Lustiger bereits 1979 in deutlichen Worten auf die Zentralität dieser Frage hin: „Das Geheimnis Israels steht aber im Zentrum des christlichen Glaubens. Wenn man glaubt, darauf verzichten zu können, offenbart man, wie wenig […] man Christ ist."[150]

---

147 Aus *Nostrae aetate* Nr. 4 (vgl. Fußnote 105).
148 Vgl. dazu etwa die umfassenden Ausführungen in: Hengel, Martin: Jesus und das Judentum. Mohr Siebeck: Tübingen 2007.
149 Vgl. dazu etwa die „Hinweise für die richtige Darstellung von Juden und Judentum in der Predigt und in der Glaubensverkündigung der katholischen Kirche", im Jahr 1985 herausgegeben von der *Vatikanischen Kommission für die religiösen Beziehungen zum Judentum*.
150 Lustiger, Jean-Marie: Die Verheißung. Vom Alten zum Neuen Bund. Sankt Ulrich: Augsburg 2003, S. 106.

Im Hinblick auf ein adäquates Verstehen Jesu zog Kardinal Lustiger daraus die Schlussfolgerung: „Die Heiden – selbst wenn sie Christen geworden sind – sind ständig versucht, die Sonderheit der Heilsgeschichte und der Auserwählung [Israels] zu leugnen. Sie neigen dazu, Jesus zur bloßen Projektion des idealen Menschen zu machen, den jede Kultur und jede Zivilisation in sich trägt. Das ist die unverblümte Methode, Gott auf die Gestalt des Menschen zu reduzieren, anders gesagt, sich selbst anzubeten und einem Götzendienst zu huldigen. Jede christlich gewordene Kultur läuft womöglich Gefahr, aus Jesus ihren Apollo zu machen und ihr eigenes Menschenbild auf ihn zu projizieren, um sich selbst darin zu gefallen."[151]

Auch wenn Lustiger hier über die Gefahr christlich gewordener Kulturen spricht, können seine Beobachtungen auch auf das koranische Missverstehen Jesu angewendet werden: Jesus wurde dem Bild des Muhammad, bzw. eines schematisierten idealen „Propheten" angeglichen. Die koranische Verzerrung Jesu kann somit als ein warnendes Beispiel für Inkulturationsvorgänge innerhalb des Christentums angesehen werden. Hier ist etwa an die Leugnung der Kreuzigung zu denken, um das reale Schicksal Jesu dem koranischen Prophetenschema anzugleichen (vgl. Sure 4,157–158), sowie an das scheinbare Wissen des Jesus-Isa von seiner eigenen Sendung bereits ab der Geburt, wie sie in der Rede des Neugeborenen offenbar wird (vgl. Sure 19,30–33).

Im Sinne des vorangegangenen Zitats von Kardinal Lustiger ist das koranische Jesus-Bild nämlich geradezu der Paradefall einer misslungenen Aneignung: Nicht der reale biblisch bezeugte Jesus wird maßgeblich für die Kultur, die ihn rezipiert, sondern diese Kultur prägt ein Jesusbild nach

---

151 Lustiger, Jean-Marie: Gotteswahl. Piper: München 1987, S. 77.

ihren eigenen Maßstäben. Im Koran ist aus dem gekreuzigten Messias Israels ein Jesus-Isa geworden, der unter der Führung Muhammads „seine" widerspenstige Christenheit der Herrschaft Allahs zuführen soll.

Eine historische Analogie für eine derartige Verzerrung ist der Arianismus, dessen Lehre von der Unterordnung Jesu unter Gott-Vater die Alte Kirche jahrhundertelang in Atem gehalten hat. Diese Irrlehre war anfangs besonders von fränkisch-germanischen Stämmen aufgegriffen worden. Deren wesentliche kulturelle Prägung bestand darin, dass nur *ein* Heerführer, bzw. nur *ein* Stammesfürst denkbar war. Folglich war die Vorstellung einer „gleichberechtigten" Trinität für diese Mentalität kaum nachvollziehbar gewesen. Sie wurden daher bereits von ihrer kulturellen Disposition her zum Großteil Arianer und übertrugen ihre dementsprechenden Vorstellungen von Unterordnung auf Jesus und seine „Stellung" innerhalb der Trinität.

Zugleich stellt auch die kirchliche Christologie ein entscheidendes Korrektiv dar, um Verzerrungen des Jesusbildes abzuwehren und zu einem vertieften Verstehen Jesu beizutragen. Wie sich das angesichts der Herausforderung durch das koranische Jesusbild gestalten kann, lässt sich anhand eines wichtigen christologischen Dogmas zeigen.

Die Wiederentdeckung der freien Willenseinung

Ausgangspunkt der folgenden Überlegungen ist eine bisher wenig beachtete Koinzidenz: Genau zur Zeit der islamischen Eroberungszüge des 7. Jahrhunderts wurde beim 3. Konzil von Konstantinopel (680/681) etwas festgelegt, das beim Konzil von Chalzedon (451) noch offen geblieben war: Jesus hat als *voller* Mensch und aus *freiem* Willen der Willenseinheit mit Gott zugestimmt. Den Einsichten des Theologen

Maximus Confessor (um 580–662, also ein Zeitgenosse des Muhammad!) folgend, überwand dieses Konzil damit den sogenannten „Monotheletismus". Damit ist die Häresie gemeint, dass Jesus nur *einen* Willen gehabt hätte, und zwar den göttlichen, dass er also eine Art göttliches Wesen auf Erden gewesen wäre, das nur äußerlich eine menschliche Gestalt gehabt hätte. Entsprechend dieser Häresie hätte der freie menschliche Wille Jesu gar keine andere Möglichkeit gehabt als sich der göttlichen Natur zu unterwerfen.

Dieser einseitigen Sicht auf Jesus steht jedoch die Aussage im Hebräerbrief entgegen, dass Jesus „in den Tagen seines irdischen Lebens mit lautem Schreien und unter Tränen Gebete und Bitten vor den gebracht [hat], der ihn aus dem Tod retten konnte... Obwohl er der Sohn war, hat er durch das, was er gelitten hat, den Gehorsam gelernt." (Hebr 5,7–8). In ähnlicher Weise berichten die synoptischen Evangelien vom Gebet Jesu am Ölberg, bei dem sich Jesus angesichts der drohenden Passion an den Vater wendet: „Vater, wenn du willst, nimm diesen Kelch von mir! Aber nicht mein, sondern dein Wille soll geschehen." (Lk 22,42). Dieser neutestamentlichen Grundlage folgend hält das 3. Konzil von Konstantinopel fest, dass „zwei natürliche Willen und zwei natürliche Wirkweisen ungetrennt, unverändert, ungeteilt und unvermischt in ihm (Christus) sind."[152] Davon ausgehend zieht das Konzil eine wichtige Schlussfolgerung: „Wir geben in keinem Fall zu, dass Gott und sein Geschöpf ein und dieselbe Wirkweise haben, damit wir nicht das Geschöpf in die göttliche Wesenheit erheben und das Erhabene der göttlichen Natur auf den der Schöpfung gebührenden Platz herabdrücken."[153]

---

152 Aus: Denzinger, Heinrich/Schönmetzer, Adolf (Hrsg.): Enchiridion Symbolorum, Definitionum et Declarationum in rebus fidei et morum. Herder: Freiburg ³³1965, S. 556f.

153 Denzinger/Schönmetzer, ebd.

Warum ist diese theologische Erkenntnis für ein vertieftes Erkennen Jesu angesichts des koranischen Jesus-Bildes wichtig?

Ähnlich wie im Koran wird in diesem Dogma einerseits die Erhabenheit Gottes festgehalten, seine Wirkmächtigkeit, die nicht „herabgedrückt" werden darf. Andererseits ist hier – anders als im Koran – die Freiheit des Menschen festgehalten: Jesus setzte seine menschliche Freiheit, also seinen „Willen" dazu ein, um sich dem Willen Gottes und seinem Wirken in der Welt zur Verfügung zu stellen. Das Epochale dieser Entdeckung hat der katholische Theologe Ludwig Weimer – bezugnehmend auf Maximus Confessor, dem das 3. Konzil von Konstantinopel diese Einsicht verdankt – folgendermaßen zusammengefasst: „Maximus hatte am klarsten den Monotheletismus [= die Irrlehre, Jesus habe nur den einen göttlichen Willen gehabt] durchschaut: dieser zerstöre die Einheit von Naturfreiheit und Personfreiheit, die durch die zwei Pole [= Gott und Mensch] gewahrte Freiwilligkeit des Gehorsams und des Leidens zugunsten des Übergewichts des göttlichen Willens. Er hatte erkannt, dass die Lösung nicht so zu gewinnen wäre, dass man aus Jesus einen Nichtmenschen macht, sondern dass eine Lösung nur über einen rechten Freiheitsbegriff zu erreichen ist. Ihre Definition musste lauten: Freisein heißt Gottes Willen gern zustimmen."[154]

Wenn man diese Einsicht mit entsprechenden Aussagen im Koran vergleicht, wird deutlich, dass der Islam einer Art von Monotheletismus verhaftet geblieben ist: Ein alles bestimmender, durch Biographie und Kultur Muhammads akzentuierter Wille Allahs, dem sich der Mensch zu unterwerfen hat.

---

154 Weimer, Ludwig: Die Lust an Gott und seiner Sache. Herder: Freiburg 1981, S. 117.

Ob diese Unterwerfung mit oder ohne freie Zustimmung des menschlichen Willens geschieht, ist zweitrangig.

Diese theologische Grundoption im Islam hat weitreichende Konsequenzen, denn sie verunmöglicht Religionsfreiheit und letztlich auch eine Demokratie auf islamischer Grundlage, was sich heute vielfach zeigt. Das jahrhundertelange christologische Ringen hingegen hat die geistige Grundlage für ein Gottesbild und auch ein Menschenbild geschaffen, das die menschliche Freiheit würdigt. Damit wurde letztlich eine Entwicklung ermöglicht, die viele Jahrhunderte später zum Bewusstsein einer für alle geltenden, umfassenden Menschenwürde führte.

Ein Meilenstein auf dem Weg zu diesem gereiften Gottes- und Menschenbild war also das christologische Dogma aus dem Jahr 681. Den darin beschrittenen grundlegend anderen Weg – weg von Monotheletismus und damit letztlich von Theokratie – beschreibt Ludwig Weimer in seinen Konsequenzen für christliches Leben so: „Weil Gott die Person Jesu als den geglückten Fall des Geschöpfseins erklärt hat, gilt diese Struktur für jeden Begnadeten mit dem spezifischen Unterschied, dass *er* [= Christus] die Freiheit aller anderen ist […]. Die Christen sind nicht als Christusse, sondern als Glieder durch die Teilnahme am Leib Christi frei gemacht, den Willen Gottes ganz zu übernehmen. Ihr Glaube […] hat als praktische Seite den Gehorsam, das Vertrauen untereinander in der Gemeinde, das Sich-Loslassen, das Verlieren von Stolz und Angst und den gegenseitigen Dienst, so dass durch die Gliedschaft im Dienen das entsteht, was in der Gesellschaft scheitern muss, wo Freiheit nicht in einem das Menschliche überragenden Anderen gründet. Das Einander-Dienen in der Gemeinde ist die Entsprechung zur dyotheletistischen Formel [= die Festlegung auf *zwei* Willen in Christus] unter der

Voraussetzung, dass Christus das Haupt der Gemeinde, ihre Mitte ist."[155]

Die dogmatische Festschreibung des Dyotheletismus in Christus ist im Grunde eine Wiederherstellung des biblischen Menschenbildes. Bereits der zweite biblische Schöpfungsbericht lässt dem Menschen die Freiheit, sich am Willen Gottes zu orientieren – oder nicht, dafür steht der „Baum der Erkenntnis von Gut und Böse" (Gen 2,17).

Die neue Sicht auf die Person Jesu als Teil der Tradition Israels *zusammen mit* einer Wieder-Fruchtbarmachung der kirchlichen Christologie tragen also ein enormes Potential in sich: Als Antwort auf die Zuneigung Gottes frei und gerne den göttlichen Heilswillen anzunehmen – *jenseits von Unterwerfung*.

Im abschließenden Kapitel sollen nun die Überlegungen eines jüdischen und eines prominenten christlichen Autors zum Islam vorgestellt werden. Aufgrund der Klarheit ihrer Analysen sowie ihrer Folgerungen sind sie aktueller denn je.

---

155 Weimer 1981, S. 126.

4. Franz Rosenzweig und Joseph Ratzinger zum Islam

4.1 Der Islam als Gesamtphänomen

Nach dem vorangegangenen Blick auf Quellen und Kernbotschaften des Korans soll in diesem vierten Kapitel der Versuch vorgestellt werden, an den Islam als solchen die entscheidenden Anfragen zu stellen und ihn somit theologisch zu beantworten. Ein jüdischer Philosoph des beginnenden 20. Jahrhunderts, Franz Rosenzweig (1886–1929), und ein Papst des beginnenden 21. Jahrhunderts, Benedikt XVI./ Joseph Ratzinger (*1927), liefern dazu erstaunliche Einsichten.

Der Islam wird dabei nicht so beschrieben, wie er selbst vorzugsweise gesehen werden möchte. Das ist eine inzwischen ungewohnt gewordene Perspektive und wird folglich von nicht Wenigen als schroff wahrgenommen. Deswegen ist der Hinweis wichtig, dass es sich bei diesen Einsichten weder um eine persönliche Abwertung bestimmter Glaubender noch um einen Generalverdacht gegen alle Muslime noch um einen Rückfall in kleinliche Religionsvergleiche handelt, etwa im Sinne des Bruderstreits in Lessings Ringparabel. Im Gegensatz zur Ringparabel geht es diesen beiden Autoren nicht um die Beurteilung, ob sich Juden, Christen oder Muslime entsprechend ihrem Ethos lobenswert verhalten („Wer erweist sich in seinem Tun als der wahre Erbe?"). Den beiden Autoren geht es nicht um *Abwertung*, sondern um die *Aufwertung* – von Erlösung, Befreiung und letztlich Rettung dieser Welt.

Im Folgenden wird der Islam als Gesamtphänomen betrachtet, was ihn sozusagen in seinem „Wesen" ausmacht. Differenzierungen wie zwischen Sunniten und Schiiten oder auch die im Westen üblich gewordene Unterscheidung zwischen „islamisch" und „islamistisch" sind dabei nicht das Thema.[156]

Deswegen ist an dieser Stelle der Hinweis wichtig, dass das dem Ausdruck „Islam" zugrundeliegende arabische Verb „aslama" „vollständig weggeben" oder „im Stich lassen" bedeutet. Das wird dann mit dem Objekt „das Gesicht", also die ganze Person (weggeben), verbunden. Von daher ist eine Übersetzung, die sich innerhalb des Bedeutungsfeldes „Hingabe-Unterwerfung" bewegt, durchaus zutreffend. Eine Herleitung des Wortes „Islam" vom arabischen Wort as-salām, „Friede", wie sie manchmal vorgebracht wird, wäre zwar rein lexikalisch möglich, verschleiert aber die reale Bedeutung. Im Gegensatz zur Wortbedeutung von „Friede" im westlichen Sinn, meint *as-salām* nämlich eine „durch die gesellschaftlichen und militärischen Maßnahmen Mohammeds und seiner Nachfolger hergestellte Herrschaft Allahs."[157] Dementsprechend ist das „Haus des Friedens" derjenige Teil der Welt, welcher muslimischer Herrschaft unterstellt ist. Diese Dynamik ist weder bloße Theorie noch Erfindung einer sogenannten „Islamophobie", wie man den zahlreichen militärischen Unternehmungen Muhammads entnehmen kann.

---

156 Interessanterweise wird diese Unterscheidung von namhaften islamischen Autoren selbst als absurd zurückgewiesen, so etwa von Shabbir Akhtar, Professor für Religionsphilosophie in Virginia/USA, der diese Unterscheidung für eine westliche Erfindung hält, die an der Realität des islamischen Selbstverständnisses vollkommen vorbeigeht (vgl. Fußnote 26 und: Akhtar 2011, S. 4).

157 Nagel 2018 (vgl. Fußnote 1), S. 47. Vgl. dazu auch Sure 4,125: „Wer hätte eine bessere Daseinsordnung als derjenige, der sein Gesicht vorbehaltlos Allah übergibt?"

Angesichts dessen bieten Franz Rosenzweig und Joseph Ratzinger bemerkenswerte Analysen zum Gesamtphänomen Islam an. Sie sind heute aktueller denn je.

4.2 Franz Rosenzweigs Sicht auf den Islam

Biographischer Kontext

Bereits im Jahr 1920 schrieb der deutsch-jüdische Philosoph Franz Rosenzweig in vorausschauender Weise in seine Vorlesungsnotizen: „Weltgeschichtlich äußerlich wird das kommende Jahrtausend der Kampf zwischen Morgenland und Abendland, Kirche und Islam."[158]

Wie kommt Rosenzweig zu einer solchen Aussage?

Er versuchte zeitlebens, das Wesen von Christentum und Judentum von innen her zu erfassen. Im Zuge dessen fand er im Jahr 1913 neu zu seiner jüdischen Identität. Kurz danach brach der Erste Weltkrieg aus, während dem er als wehrpflichtiger deutscher Soldat zumeist in Mazedonien stationiert war. Aufgrund des dort weitgehend ruhenden Kriegsgeschehens pflegte er Kontakt mit der örtlichen muslimischen Bevölkerung und widmete sich dem Studium des Korans. Anfangs war er dabei von den Islam-Studien Ignaz Goldzihers (1850–1921) und den Überlegungen G. W. F. Hegels (1770–1831) zum Islam beeinflusst. Für Hegel gehörten Judentum und Islam zur selben religiösen Kategorie, nämlich der „Religion der Erhabenheit". Sie waren historisch notwendige Entwicklungsstufen auf dem Weg des „absoluten Geistes". Später löste sich Rosenzweig von Hegel, über den er in den Jahren

---

158 Zitiert in: Palmer, Gesine (Hrsg.). Franz Rosenzweig, „Innerlich bleibt die Welt eine". Ausgewählte Schriften zum Islam. Philo: Berlin 2003, S. 9.

vor dem Ersten Weltkrieg eine philosophische Dissertation geschrieben hatte.

Seit Spätherbst 1914 lernte Rosenzweig Arabisch, begann den Koran im Original zu lesen und seine Gedanken dazu aufzuschreiben. Diese dürfen heute nicht an den inzwischen erfolgten literarkritischen und historischen Forschungen zum Koran gemessen werden. Rosenzweig wollte das *Wesen* dieser Religion erfassen, wie es ihm aus dem Korantext entgegentritt. Damit ist er in der gleichen Lage wie die überwältigende Mehrheit heutiger Koranleser und Koranhörer. Diese nehmen die Botschaften des Koran ebenfalls unbeeinflusst von historisch-kritischen Studien auf.

Seine Beobachtungen fanden Eingang in das 1921 veröffentlichte Hauptwerk *Stern der Erlösung*.[159] Daraus und aus weiteren Schriften Rosenzweigs zum Islam werden im Folgenden zentrale Aussagen zitiert und kommentiert.

Natürliches Heidentum in Offenbarungsgestalt

Im *Stern der Erlösung* nennt Rosenzweig den Islam einen „merkwürdigen Fall weltgeschichtlichen Plagiats"[160]. Er führt vor Augen, so Rosenzweig, „wie ein aus dem Heidentum unmittelbar, sozusagen ohne Gottes Willen, ohne den Plan seiner Vorsehung, also in ‚rein natürlicher' Verursachung, hervorgegangener Offenbarungsglauben aussehen müsste. Denn das Wesentliche eines derart rein natürlichen Hervorgehens wäre das Fehlen der inneren Umkehr [...] Seine [= Gottes] Macht erweist sich wie die Macht eines orientalischen

---

159 Rosenzweig, Franz: Der Stern der Erlösung. Suhrkamp: Frankfurt a. M. [10]2015.

160 Rosenzweig 2015, S. 130.

Gewaltherrschers nicht in der Schaffung des Notwendigen [...], sondern in der Freiheit zur Willkürtat."[161]

Dass der Islam nach Rosenzweig im Kern „Heidentum" ist, stellt die inzwischen selbstverständlich gewordene Einschätzung infrage, welche den Islam auf die gleiche Stufe wie Judentum und Christentum stellt, etwa unter dem Stichwort der „drei monotheistischen Religionen" oder der „abrahamitischen Religionen". Diese Gleichstellung liegt nach Rosenzweig daran, dass der Islam dem Judentum und Christentum rein *äußerlich* ähnelt. In Wirklichkeit ist er aber, so Rosenzweig, „wie ein zur Karikatur überzeichneter Versuch, den Monotheismus zu (re)paganisieren."[162]

Das schließt nicht aus, dass in Einzelfällen der entstehende Islam gegenüber der vorangegangenen arabisch-beduinischen Ethik einige Verbesserungen gebracht hat. Man kann dabei an das von Muhammad ausgesprochene Verbot des Vergrabens unerwünschter neugeborener Kinder denken, wie es davor üblich war. Andererseits kannte der fanatische Eifer Muhammads sogar Rückfälle gegenüber dem ethischen Niveau der arabischen Beduinen, etwa wenn er im Jahr 627 alle jüdischen Männer des Stammes der Banū Quraiza töten ließ[163]. Nach beduinischen Konventionen wäre „nur" die

---

161 Rosenzweig, ebd.
162 Zitiert aus: Palmer 2003, S. 14.
163 Sofern die Historizität dieses Massakers von islamischer Seite überhaupt anerkannt wird – interessanterweise nahm in islamischen Quellen die Zahl der dabei Getöteten in den Jahrzehnten danach immer mehr ab – wird als Rechtfertigung dafür auf die Surenverse 33,26f. verwiesen: „Und er ließ diejenigen von den Leuten der Schrift, die sie (d.h. die Ungläubigen) unterstützt hatten, aus ihren Burgen herunterkommen und jagte ihnen Schrecken ein, so dass ihr sie (in eure Gewalt bekamet und) zum Teil töten, zum Teil gefangen nehmen konntet. Und er

Versklavung angemessen gewesen. Gegenüber dem, was mit dem jüdisch-christlichen Erbe bereits erreicht worden war – und es ist das Kernanliegen von Rosenzweig dieses Erbe neu fruchtbar zu machen –, stellt der Islam jedenfalls einen herben Rückfall in das Heidentum dar – aber eben in „Offenbarungsgestalt".

Das Fehlen von Umkehr

Diesen Befund einer gewissermaßen naturwüchsig hervorgegangenen, nur aufgrund seiner äußerlichen Parallelen unter die Kategorie „Offenbarungsglauben" fallenden Religion macht Rosenzweig, wie aus dem obigen Zitat ersichtlich, vor allem am „Fehlen der inneren Umkehr" fest. „Innere Umkehr" geschieht immer dann, wenn das in sich verschlossene Selbst des Menschen sich gegenüber dem verborgenen Gott öffnet, denn, wie Rosenzweig schreibt, „alles Hervortreten ins Offenbare muss innere Umkehr sein."[164] Der an einen lebendigen, heilschaffenden Gott Glaubende wird dadurch von seiner Selbstverschlossenheit befreit und kann sich auf die freiwillig gewählte Willenseinheit mit Gott hin öffnen. „Innere Umkehr" ist folglich etwas völlig anderes als die „Unterwerfung" unter einen absolut jenseitigen Gott.

Das Fehlen der inneren Umkehr zeigt sich an der Art und Weise, wie der Koran bestimmte biblische Figuren modelliert, damit sie in die Vorstellung vorbildlicher – und das heißt immer fehlerloser – Gerechter und Propheten passen und

---

    gab euch ihr Land, ihre Wohnungen und ihr Vermögen zum Erbe, und (dazu) Land, das ihr (bis dahin noch) nicht betreten hattet. Gott hat zu allem die Macht."

164 Rosenzweig 2015, S. 249.

dadurch zu „würdigen" Vorläufern von Muhammad werden. In der Bibel dagegen werden deren Fehler schonungslos benannt, denn Schuldeinsicht und Umkehr sind ein zentrales Moment biblischen Glaubens. Diese Unterschiedlichkeit bezüglich Schuldeinsicht und Umkehr zeigt sich exemplarisch an zwei biblischen Episoden: die Errichtung des Goldenen Kalbes *durch Aaron* (Exodus 32) und die Anklage an *König Salomo* wegen seiner Beteiligung am Götzendienst (1Kön 11,5f.). Der Koran hingegen hat die biblischen Aussagen über die Sündhaftigkeit von Aaron und Salomon bewusst eliminiert.[165] So wird beim entsprechenden Bericht über die Rückkehr des Mose vom Berg Sinai im Surenvers 20,95 anstelle von Aaron plötzlich ein „Samariter" („Samīrī") als Schuldiger am Goldenen Kalb eingeführt, während Aaron ohne die nötige Umkehr davonkommt. Über Salomo wird im Surenvers 2,102 ausdrücklich gesagt, dass er „nicht ungläubig" war und seine Fehler werden im Koran – im Gegensatz zum biblischen Original – nirgends benannt.

Rosenzweig sieht gerade in diesem Fehlen einer *inneren* Umkehr ein Charakteristikum von heidnischem Denken und Handeln. Es ist ein Rückschritt gegenüber dem, was mit dem

---

[165] Bestimmte muslimische Homepages (z.B. „Jihad of the Pen") etwa stellen biblische und koranische Darstellungen alttestamentlicher Figuren einander gegenüber, um hervorzuheben, dass die Gerechten und „Propheten" in der „unverfälschten" Version des Korans keine Sünden hatten (vgl. dazu: https://theartofmisinformation. wordpress.com/2011/10/05/refutation-the-quran-is-a-copy-of-the-bible/ (abgerufen am: 12.11.2019). Damit stehen sie in der Tradition großer islamischer Gelehrter wie etwa Ibn Hazm (994–1064), der den Juden vorwarf, sie würden den Propheten in der Torah Sünden zuschreiben und also den Text verfälschen.

jüdisch-christlichen Erbe bereits erreicht wurde. Wo im Koran von „Umkehr" berichtet wird, also etwa bei der Schilderung des ertrinkenden Pharaos im Roten Meer[166], geht es nur um die Unterwerfung unter Allahs Befehle, also im Grunde darum, „Muslim" zu werden.

Der orientalische Gewaltherrscher

Rosenzweigs Charakterisierung von Allah als einem „orientalischen Gewaltherrscher" ist zweifellos drastisch. Damit fasst er aber das Bild zusammen, das ihm aus der Lektüre des Korans entgegentritt. Dort zeigt sich Allah als der oberste Repräsentant einer bestimmten arabisch-beduinischen Stammesethik, dessen Befehlen absoluter Gehorsam zu leisten ist. Nur wer sich unterwirft, kann auf seine „Barmherzigkeit" hoffen. Deswegen ist Allah für viele Muslime vom Bild der Barmherzigkeit geprägt – sie *haben* sich ja schon unterworfen.

Dass ein antiker orientalischer Herrscher ähnliche Opfer fordern konnte wie bis heute im Namen von Allah, lässt sich an einem aktuellen Beispiel zeigen: Der politisch und religiös motivierte Kampf gegen den Staat Israel nimmt bewusst „Kinderopfer" in Kauf, wie man unter anderem in den von der Europäischen Union mitfinanzierten Schulbüchern der Palästinensischen Autonomiebehörde jederzeit nachlesen kann. Am Beginn eines Gedichtes für Drittklässler heißt es dort zum Beispiel: „Ich schwöre mein Blut zu opfern, um das Land der Großzügigen zu durchtränken. Und ich werde

---

166 Vgl. Surenvers 10,90: „Als er [= der Pharao] schließlich am Ertrinken war, sagte er: ‚Ich glaube, dass es keinen Gott gibt außer dem, an den die Kinder Israels glauben. Und ich bin (einer) von denen, die sich (ihm) ergeben haben.'"

den Besetzer von meinem Land tilgen..."¹⁶⁷ Wie man andererseits aus zahlreichen archäologischen Funden im Nahen Osten weiß, wurden in der heidnischen Antike häufig Kinder in Stadtmauern eingeschlossen, um die heidnischen Götter im Abwehrkampf günstig zu stimmen. Selbst wenn Kontext und Glaubenssystem damals und heute verschieden sind, ist doch dieses Phänomen „Kinderopfer" gleichgeblieben, das von einer orientalischen Gewaltherrschaft eingefordert wird.

Der australische Philosophieprofessor Wayne Cristaudo, der Rosenzweigs Sicht auf den Islam detailliert untersuchte, bringt diesen Befund mit der Person Muhammads in Verbindung: „Muhammad ist wahrhaftig ein Übermensch im Sinne von Nietzsche, und Rosenzweig weiß, dass der lebendige Gott kein Gott für Übermenschen ist. Der Übermensch – so glaubt er [= Muhammad] – hat alles und ist alles. Wozu braucht es dann die innere Demut, die zur inneren Umkehr gehört?"¹⁶⁸ Innere Demut im Sinne von Cristaudo würde bedeuten, sich bewusst zu sein, „nicht alles zu haben und zu sein".

Diese Zusammenhänge zeigen sich exemplarisch beim Konversionsprozess zum Islam. Dort genügt das öffentliche Rezitieren der Formel von Allah als dem Einzigen und von Muhammad als seinem Propheten. Damit hat man – sozusagen – schon alles. Es ist kein innerlicher Umkehrprozess vorgesehen, der einen Konversionswilligen von den vielfältigen

---

167 Dazu und zu weiteren Beispielen dieser Art vgl. https://www.mena-watch.com/palaestinensischer-lehrbuecher-erziehen-kinder-zu-judenhass-und-terror/ (abgerufen am: 29.11.2019). Dieses Beispiel zeigt überdies, dass es nicht nur die expliziten Terrorgruppen wie Hamas oder Hizbollah sind, welche bereits Kinder zu Selbstmordattentaten ermutigen.

168 Cristaudo, Wayne: Rosenzweig's Stance Toward Islam. In: Rosenzweig Jahrbuch 2. Karl Alber: Freiburg 2007, S. 73.

heidnischen Prägungen seines Lebens gereinigt hätte – *bevor* man den „Einen" als bestimmend für sein Leben annehmen kann. Desgleichen zählt beim Jüngsten Gericht, wie im Koran mehrfach bezeugt, einzig das Bekenntnis zum islamischen Glauben, um in den Genuss des Paradieses zu kommen. Die phantasiereiche Ausgestaltung des Jüngsten Gerichts etwa in Sure 56 (mit dem Titel „Die hereinbrechende Katastrophe") diente denn auch historisch in erster Linie der Einschüchterung der Bewohner Mekkas, bevor Muhammad dort als Eroberer einzog. Deren Bekehrung zum Islam geschah dementsprechend unter Todesdrohung – eben ein Vorgang nach dem Vorbild eines „orientalischen Gewaltherrschers".

Eine gesamtmenschliche, innerweltliche Umkehr und Befreiung von heidnischen Prägungen, noch dazu auf freiwilliger Basis, ist im Islam nicht vorgesehen. Es geht nicht um „Erlösung der Welt", sondern um die Unterwerfung unter ein bestimmtes, wie Rosenzweig es nennt, „orientalisches" System.

Parallelen zu einer innerislamischen Reformbewegung

Interessanterweise treffen sich einige dieser kritischen Gedanken Rosenzweigs gegenüber dem Islam mit Grundanliegen der frühen islamischen Reformbewegung der sogenannten Mu'taziliten. Ihnen ging es darum, „dass die Unterscheidung zwischen Gut und Böse unabhängig vom Willen Gottes sei und alle seine Handlungen ‚sub ratione boni' [also unter dem Vorzeichen des Guten] seien."[169] Diese von der aristotelischen Philosophie beeinflusste Richtung hatte vom 9. bis

---

169 Lehmann, Matthias: Franz Rosenzweigs Kritik des Islam im „Stern der Erlösung". In: Jewish Studies Quarterly Vol. 1, No. 4. Mohr Siebeck: Princeton 1994, S. 347.

zum 11. Jahrhundert ihre Blütezeit und verschwand danach wieder aus der Geschichte. Sie stellte die Willensfreiheit sowie das Gewissen des Menschen in den Mittelpunkt – anstelle des blinden Gehorsams gegenüber einem „orientalischen Gewaltherrscher". Dass es diesen islamischen Reformansatz zumindest einmal gegeben hat, zeigt, dass Rosenzweig eine ungelöste Frage erfasst hat, die selbst innerislamisch als reformbedürftig angesehen worden war.

Erlösung und Offenbarung

Rosenzweigs Beobachtungen zum Islam müssen auf dem Hintergrund seiner Suche danach gelesen werden, wie die biblische Verheißung von „Erlösung der Welt" zu denken ist. Er gibt sich nicht damit zufrieden, dass Gott „in eine weltfremde, weltüberhobene Höhe entrückt"[170] ist, wie er es dem Islam attestiert.

Der *Stern der Erlösung* entfaltet einen dreifach gestuften Vorgang von „Schöpfung-Offenbarung-Erlösung": Im Judentum und Christentum wird der Gott der *Schöpfung* durch die *Offenbarung* zum Gott der *Erlösung*. Das steht aller Willkür diametral entgegen. Ein in undurchdringlicher Transzendenz gedachter Gott wie im Islam verhindert nämlich eine Erlösung der Trias Gott-Welt-Mensch: „So ist am Ende doch der Gedanke der Offenbarung, des Aussichherausgehens, Zueinandergehörens und Zueinanderkommens der ‚tatsächlichen' Elemente des All, Gott-Welt-Mensch, wirksam in dem Widerstand gegen die Behauptung der Willkür des Schöpfers."[171] Diese drei Bewegungen „Aussichherausgehen, Zueinandergehören und Zueinanderkommen" charakterisieren den jüdisch-christlichen Offenbarungsvorgang, während

---

170 Rosenzweig 2015, S. 126f.
171 Palmer 2003, S. 78.

im Islam, wie Rosenzweig einmal in einem Brief schrieb, „Gott und Welt immer vollkommen zweierlei bleiben und daher das Göttliche in der Welt oder das Weltliche in Gott verschwindet."[172] Rosenzweig kommt daher zu dem Schluss, dass der Schöpfergott des Islam „reich ohne alle Welt"[173] ist. Von daher gibt es auch kein religiös motiviertes Drängen im Islam, an einer umfassenden „Erlösung der Welt" mitzuwirken. Die Welt wird nach islamischer Vorstellung zum „Haus des Friedens", wenn sie sich islamischer Herrschaft unterwirft. Die Details regeln sich dann – scheinbar – durch die Befolgung der Scharia.

Die „Willkür Allahs" im Islam ist nach Rosenzweig der eigentliche Gegensatz zu einer beständig erneuerten, augenblickshaften und leidenschaftlichen Liebe Gottes zum Menschen. Die angemessene Antwort des so geliebten Menschen – nach dem hier dargelegten jüdisch-christlichen Verständnis –, ist die „demütig-stolze Ehrfurcht, Gefühl der Abhängigkeit zugleich und des stillen Geborgenseins, der Zuflucht in ewigen Armen."[174] Der Islam dagegen kennt „so wenig einen liebenden Gott wie eine geliebte Seele"[175], was man etwa am peniblen Zwang zu religiöser Pflichterfüllungen ablesen kann, denen das Prinzip innewohnt: Je schwieriger eine bestimmte Tat, desto größer die so bewiesene Ergebenheit. Die Bindung an Pflichterfüllungen im Judentum kennt *diese* Logik nicht, sondern motiviert sich von anderswo her, nämlich vom Gedanken der Priorität der

---

172 Rosenzweig, Rachel (Hrsg.): Franz Rosenzweig, Der Mensch und sein Werk. Gesammelte Schriften I. Briefe und Tagebücher. Briefe. Nijhoff: Haag 1979, S. 317.
173 Rosenzweig 2015, S. 130.
174 Rosenzweig 2015, S. 188.
175 Rosenzweig 2015, S. 193. Dieses Zitat schließt freilich nicht aus, dass es ein einzelner Muslim anders empfinden kann.

Verwirklichung des Willens Gottes als Ausdruck der Liebe zu Gott, dem Ewigen.

Rosenzweig legt ein dynamisches Verständnis von Schöpfung und Erlösung vor, in dem sich Gott permanent offenbaren will. Das dabei zugrundeliegende Verständnis von Offenbarung fasst der Rosenzweig-Kenner Wayne Cristaudo folgendermaßen zusammen: „Ein derartiges Konzept von Liebe [ergänze: bei Rosenzweig] erfordert auch eine Offenbarung, die jederzeit stattfindet und niemals zu Ende ist – wie auch die Schöpfung."[176] Sie steht im Gegensatz zu jenem „Trotz, den Rosenzweig als des Menschen Merkmal *vor* der Offenbarung und der inneren Umkehr sieht."[177]

Schöpfung und Erlösung sind also fortlaufende und geschichtlich nicht abgeschlossene Ereignisse. Dem Judentum und dem Christentum attestiert Rosenzweig die Fähigkeit, an der kontinuierlichen Neu-Schöpfung und Neu-Erlösung der Welt beteiligt zu sein. Genau diese Dynamik will er freilegen. Die Starrheit des Islam hingegen hängt nach Rosenzweig vor allem damit zusammen, dass „Muhamed die Begriffe der Offenbarung äußerlich übernahm"[178], ohne die damit gegebene Dynamik aufzugreifen. Dadurch wird eine Geschichte mit dem lebendigen Gott naturgemäß ausgeschlossen. Rosenzweig kommt zu dem Schluss: „Der Islam ist Buchreligion vom ersten Augenblick an. Das Buch, das vom Himmel herab gesendet wird – kann es eine völligere Abkehr von der Vorstellung geben, dass Gott selbst ‚herniedersteigt', selber sich dem Menschen schenkt, sich ihm preisgibt? Er thront in seinem höchsten Himmel

---

176 Cristaudo 2007, S. 70.
177 Lehmann 1994, S. 353.
178 Rosenzweig 2015, S. 129.

und schenkt dem Menschen – ein Buch."[179] Die Zentralität der Torah im Judentum ist hingegen eingebunden in den Prozess ihrer Auslegung inmitten eines fortlaufenden Gesprächs, wovon der Talmud ein beredtes Zeugnis gibt.

Ein separater religiöser Wissensbezirk

Ausgehend von der Erkenntnis, „Gott hat eben nicht die Religion, sondern die Welt geschaffen"[180], attestiert Rosenzweig dem Judentum und Christentum die Fähigkeit, *mitten in dieser Welt* eine „Offenbarung" zu sein. Diese Offenbarung ist nicht als ein von der Welt getrennter Bereich zu denken. „Offenbarung in Rosenzweigs Sinn entzaubert somit, was Religion verzaubert. Erst wenn das geschehen ist, kann Liebe als Ereignis zwischen Gott, Mensch und Welt offenbar werden, erst damit kann die Zukunft als offen für Ereignisse und für noch zu sprechende Sprachen gedacht werden."[181] Ähnlich wie sein protestantischer Zeitgenosse Karl Barth (1886–1968) befreit Rosenzweig mit der Unterscheidung von Religion und Offenbarung den biblischen Glauben von der Erstarrung im Religionshaften. Die biblische Offenbarung ist nicht wie ein eigener „Bezirk eines gesicherten Wissens über Gott neben den anderen Wissensbezirken"[182], denn genau das wäre heidnisch. In dieser „heidnischen" Weise versteht der Koran die scheinbar unantastbaren „Eingebungen" des Muhammad: als

---

179 Rosenzweig 2015, S. 186.
180 Rosenzweig, Franz: „Das neue Denken" (1925). In: Palmer, Gesine (Hrsg.): Franz Rosenzweig, „Zweistromland". Philo: Berlin 2001, S. 225.
181 Palmer 2003, 18f.
182 Palmer 2003, 21.

Abschrift einer himmlischen Urschrift. Deswegen setzen sich seine Aussagen unverbunden, also „religiös" neben die „anderen Wissensbezirke". Sie sind im Sinne Rosenzweigs eine leere Zusatzbehauptung über die Welt – in religiösen Begrifflichkeiten, die dem Judentum und dem Christentum *entlehnt* sind.

Diese Aufspaltung in einen religiösen Wissensbezirk und einen solchen „weltlicher" Natur hat Auswirkungen bis in aktuelle politische Fragestellungen hinein. Man kann an islamische Parallelgesellschaften innerhalb demokratischer westlicher Staaten ebenso denken wie an Formulierungen in der *Kairoer Erklärung der Menschenrechte im Islam* aus dem Jahr 1990. Dieses von der überwiegenden Mehrzahl islamischer Staaten unterzeichnete Dokument orientiert sich in Form und Inhalt zwar an der Allgemeinen Erklärung der Menschenrechte der Vereinten Nationen – greift also diese Errungenschaft als *die eine*, sozusagen „weltliche" Realität auf –, stellt aber den *eigenen* Maßstab, die Scharia, unverbunden daneben. So heißt es etwa in Artikel 2a unter anderem: „…es ist verboten, einem anderen das Leben zu nehmen, außer wenn es die Scharia verlangt."[183]

Folgerungen aus der Sicht Rosenzweigs

Die hier verdichtet dargestellte Sicht Rosenzweigs auf den Islam ist wie ein Schlüssel, der viele Phänomene im Islam verstehbar macht. Rosenzweigs Hinweis auf den „orientalischen Gewaltherrscher" etwa hilft zu durchschauen, warum demokratische islamische Staatswesen immer wieder dazu neigen, diktatorische Züge insbesondere gegenüber Minderheiten

---

183 Quelle: https://de.wikipedia.org/wiki/Kairoer_Erkl%C3%A4rung_der_Menschenrechte_im_Islam.

zu entwickeln, wie man etwa an der Türkei oder in Pakistan sieht.

Allerdings stehen die Erkenntnisse Rosenzweigs bestimmten Grundoptionen des gegenwärtigen geistigen Klimas im Westen diametral entgegen. Selbst unter Rosenzweig-Anhängern werden sie deswegen zumeist ignoriert oder als biographisch bedingt weginterpretiert.[184] Rosenzweig wagte es noch, über das „Wesen des Islam" Aussagen zu treffen – und zwar gerade von seinem Verstehen von Judentum und Christentum her. Von diesen beiden hatte sich der entstehende Islam einst ja bewusst abgesetzt und tut es bis heute – oder er vereinnahmt diese beiden vorausliegenden Religionen für sich. So meinte etwa der prominente palästinensische Philosophie-Professor Sari Nusseibeh im Zusammenhang mit der Regensburger Rede, die im Folgenden zu betrachten sein wird, kurz und bündig – und zugleich ganz korankonform: „Das Juden-Christentum ist nichts anderes als der Islam."[185]

---

184 So etwa Schwartz, Yossef. In: Die entfremdete Nähe. Rosenzweigs Blick auf den Islam (in: Palmer 2003), S. 146: „Rosenzweig entwickelte keine Philosophie des religiösen Pluralismus, er meinte nicht, dass es mehrere Wege gibt, die zum (Gott) Vater führen..." Dabei wird Rosenzweig unterstellt, dass er, der sich zuvor von Hegels Idealismus distanziert hat, nun seine eigene biographische Wendung zu einer Kritik am Islam benützt: „Die Herabsetzung des Islam impliziert eine Herabsetzung des Idealismus, und so benutzt Rosenzweig den fremden religiösen Glauben, um den nahen philosophischen Glauben abzulehnen." (Schwartz ebd., S. 144).

185 Nusseibeh, Sari: Gewalt: Rationalität und Vernünftigkeit. In: Glucksmann, André et al. (Hrsg.): Gott, rette die Vernunft. Die Regensburger Vorlesung des Papstes in der philosophischen Diskussion. Sankt Ulrich: Augsburg 2008, S. 141. Diese

Der bereits erwähnte Kulturphilosoph Cristaudo hat Rosenzweigs Analyse zum Islam folgendermaßen zusammengefasst: „Rosenzweigs Kritik am Islam ist verstörend. Aber die Wahrheit ist oft das Verstörendste von allem. Die Frage ist nicht, ob das, was Rosenzweig über den Islam sagt, dem Phantasieprodukt von Islam widerspricht, das von wohlmeinenden Sympathisanten des Islam und von anständigen Leuten, die Muslime sind, beschworen wird. Worum es geht, ist: ob das, was er sagt, wahr ist."[186]

Wahr sind Rosenzweigs Aussagen unter anderem deswegen, weil sie mit dem Hinweis auf einen „Rückfall ins Heidentum" eine Gefahr benennen, die auch dem Judentum und dem Christentum immer wieder droht. Selbst christliche Kirchen tun sich immer wieder schwer damit, sich auf der Höhe der jüdisch-christlichen Offenbarung zu halten und stehen in der Gefahr, auf ein (halb)heidnisches Niveau zurückzufallen. Rosenzweigs Sicht auf den Islam trägt also zugleich ein enormes Potential einer binnenchristlichen Selbstreinigung in sich.

Überdies könnte sich auch der Islam durch eine neue Wertschätzung der genuin biblischen Offenbarung von seinem Verhaftetsein in heidnische Religiosität befreien – auch wenn aktuell kaum etwas darauf hindeutet.

Aussage Nusseibehs gibt die Sicht des Korans auf Judentum und Christentum wieder. Eine Infragestellung dieser Sicht würde folglich auch eine kritische Befragung dieser Quelle beinhalten. Deswegen ist Nusseibeh auch zu widersprechen, wenn er in seiner Antwort auf die Regensburger Rede von Papst Benedikt XVI. meint, dass man sich mit der fehlgeleiteten *Praxis* auseinandersetzen solle, „und nicht mit dem, was uns in den Heiligen Büchern überliefert ist." (Nusseibeh, ebd., S. 142).

186 Cristaudo 2007, S. 50.

Ein ähnliches Aufklärungspotential enthalten die Aussagen von Papst Benedikt XVI. zum Thema Islam, die er im Jahr 2006 in der Regensburger Rede geäußert hat.

4.3 Die Regensburger Rede von Papst Benedikt XVI.

Kontext der Rede

Am 12. September 2006 hielt Papst Benedikt XVI. eine Rede an der Universität Regensburg, wo er bis 1977 Theologieprofessor war. Bei dieser programmatischen Rede unter dem Titel „Glaube, Vernunft und Universität"[187] kam er auch auf die Frage nach der „Rationalität Gottes" im Islam und im biblischen Glauben zu sprechen. Einige Tage danach brachen heftige, teils gewalttätige Reaktionen in Teilen der islamischen Welt aus, die von einer Passage am Anfang der Rede ausgelöst worden waren. Dort zitierte der Papst den byzantinischen Kaiser Manuel II. Palaeologos, der im Jahr 1391 ein Gespräch mit einem persisch-muslimischen Gesprächspartner geführt hatte. Der Papst hatte dieses Zitat mit der Bemerkung eingeleitet, dass der byzantinische Kaiser „in für uns unannehmbar schroffer Form" die zentrale Frage nach dem Verhältnis von Religion und Gewalt stellt: „Zeig mir doch, was Mohammed Neues gebracht hat, und da wirst du nur Schlechtes und Inhumanes finden wie dies, dass er vorgeschrieben hat, den Glauben, den er predigte, durch das Schwert zu verbreiten."[188]

---

187 Abrufbar unter: http://w2.vatican.va/content/benedictxvi/de/speeches/2006/september/documents/hf_ben-xvi_spe_20060912_university-regensburg.html (abgerufen am: 30.6.2019). Die folgenden Zitate aus der Rede stammen daraus.
188 In einem Interview aus dem Jahr 2010 bemerkte Benedikt XVI. zu dieser Kontroverse und den gewalttätigen

Im Mittelpunkt der Rede stehen allerdings die Überlegungen des Papstes zum Verhältnis von Rationalität und Wesen Gottes. Sie setzen voraus, dass die Frage nach Wahrheit überhaupt gestellt werden darf[189] und nichts mit Intoleranz oder gewaltsamer Durchsetzung zu tun hat. Man kann sich dabei an G. W. F. Hegel halten, der die Philosophie davor warnte, „erbaulich sein zu wollen"[190]. Stattdessen sollte sie sich am Wunsch der Vernunft orientieren, nach Erkenntnis dessen zu streben, was in Wahrheit *ist*.

Konsequenzen, die ihn, wie er sagte, „sehr traurig" gemacht hatten: „Durch die politische Betrachtung wurde nicht mehr das Feingewebe beachtet, sondern ein Text herausgerissen und zum Politikum, was er in sich nicht war. Er behandelt eine Situation aus einem alten Dialog, der übrigens nach wie vor, denke ich, von großem Interesse ist." (zitiert in: Ratzinger, Joseph: Gesammelte Schriften JRGS 13/2. Herder: Freiburg 2016, S. 921).

189 Die Abwehr der Frage nach der Wahrheit geht vor allem vom *Dekonstruktivismus* aus, der diese Frage weder für wünschenswert noch für möglich, und in jedem Fall für grundsätzlich relativ hält. Der unvoreingenommene Zeitgenosse kann sich angesichts dessen jedoch positiv von Friedrich Nietzsche (1844–1900) inspirieren lassen, der (in: *Die Fröhliche Wissenschaft*) geschrieben hatte: „Wir Aufklärer, wir freien Geister des 19. Jahrhunderts nehmen unser Feuer noch von dem Christenglauben, der auch der Glaube Platons war, dass Gott die Wahrheit, dass die Wahrheit göttlich ist." (Zitiert in: Robert Spaemann, Gedanken zur Regensburger Vorlesung. In: Glucksman 2008, S. 161).

190 In: Hegel, G.W.F.: Phänomenologie des Geistes. Holzinger Verlag: Berlin 2015[4]), *Vorrede*, S. 9.

Weite der Vernunft

Papst Benedikt XVI. begründet die Zurückweisung von Gewalt mit dem Wesen Gottes selbst. Ausgangspunkt seiner Argumentation ist die Einsicht von Manuel II. Palaeologos: „Gott hat kein Gefallen am Blut, und nicht vernunftgemäß, nicht σὺν λόγω [= syn logo] zu handeln, ist dem Wesen Gottes zuwider. Der Glaube ist Frucht der Seele, nicht des Körpers. Wer also jemanden zum Glauben führen will, braucht die Fähigkeit zur guten Rede und ein rechtes Denken, nicht aber Gewalt und Drohung."[191]

Davon ausgehend weist Benedikt darauf hin, dass in der islamischen Tradition Gott nur als „absolut transzendent" gedacht werden kann. Er trifft sich dabei mit dem Befund Rosenzweigs, nach dem Allah in eine „weltfremde, weltüberhobene Höhe"[192] entrückt ist.

Die Vernünftigkeit Gottes hat ihre biblische Grundlegung im Johannes-Prolog, bei dem alles vom *Logos* ausgeht. Papst Benedikt präzisiert, was unter diesem „Logos" – traditionell als „das Wort" übersetzt – zu verstehen ist: „Logos ist Vernunft und Wort zugleich – eine Vernunft, die schöpferisch ist und sich mitteilen kann, aber eben als Vernunft." In diesem Johannes-Prolog finden das aufklärende griechische Denken und die biblische Botschaft zu einer Synthese, die sich bereits im Alten Testament angebahnt hatte. Der Entwicklungsbogen der „Begegnung zwischen Glaube und Vernunft, zwischen rechter Aufklärung und Religion" spannt sich, so führte Papst Benedikt weiter aus, innerhalb des Alten Testaments von der Gottesoffenbarung am Dornbusch – diese war mit einem geschichtlichen Auftrag verbunden und überwindet

---

191 Zu diesem Zitat und den folgenden aus der Regensburger Rede vgl. Fußnote 187.
192 Rosenzweig 2015, S. 126f.

daher mythologische Religionshaftigkeit – über die Entlarvung heidnischer Götter im Babylonischen Exil bis hin zur Weisheitsliteratur in der Zeit des Hellenismus.

In einem kurzen Exkurs zeigt Benedikt dann, dass es die denkerische Sackgasse einer *Irrationalität* Gottes – unter dem Vorzeichen eines undurchschaubaren Voluntarismus Gottes – nicht nur in der islamischen Tradition[193], sondern auch in der christlichen Theologiegeschichte gegeben hat. Die kirchliche Tradition als ganze hat aber „daran festgehalten, dass es zwischen Gott und uns, zwischen seinem ewigen Schöpfergeist und unserer geschaffenen Vernunft eine wirkliche Analogie gibt." Selbst wenn diese Analogie immer unter dem Vorbehalt der „unendlich größeren" Unähnlichkeit steht und selbst wenn die Liebe das bloße Denken übersteigt (vgl. *Eph* 3, 19), bleibt sie doch „Liebe des Gottes-Logos, weshalb christlicher Gottesdienst […] ‚λογικη λατρεία' [= logike latreia, d.h. „vernünftiger Gottesdienst"] ist – Gottesdienst, der im Einklang mit dem ewigen Wort und mit unserer Vernunft steht (vgl. *Röm* 12, 1)."

Damit macht der Papst deutlich, dass sich ein vernunftgeleitetes Gottesbild in einem entsprechenden vernünftigen Gottesdienst abbildet und – so kann man im Sinne seiner sonstigen Ausführungen zur Liturgie ergänzen[194] – zu einer vernunftgeleiteten Weltgestaltung führt. Die gesamte Rede schließt der Papst mit einer eindringlichen Aufforderung zum „Mut zur Weite der Vernunft" als Grundlage für einen vertieften „Dialog der Kulturen".

---

193 Als Beleg verweist Benedikt XVI. auf den großen islamischen Gelehrten Ibn Hazm (994–1064), für den Allah an absolut nichts gehalten sei: „Wenn er [= Allah] es wollte, müsse der Mensch auch Götzendienst treiben."

194 Vgl. zu diesem Thema auch Joseph Ratzinger, Der Geist der Liturgie. Eine Einführung (Herder: Freiburg 2013).

Vertiefendes Erkennen Gottes

Das Ziel eines solchen Dialoges ist das vertiefende Erkennen Gottes. Durch den Hinweis auf voluntaristische Tendenzen in der christlichen Theologiegeschichte und den Hinweis, dass es daraus einen Ausweg gibt, eröffnete der Papst der islamischen Welt eine Brücke, der „Logik Gottes", und zwar eines *gemeinsamen* Gottes, auf die Spur zu kommen. Ähnlich wie Rosenzweig versucht Benedikt damit die Spaltung in einen eigenen „Wissensbereich über Gott" getrennt vom allgemeinen Wissen zu überwinden. Auch der Islam könnte, wie bereits das Christentum vor ihm, an der Begegnung zwischen Judentum und griechischer Philosophie teilhaben und eine Weitung erfahren.

Das wäre auch ein Weg zur Überwindung des vom islamischen Philosophen Averroës (1126–1198) entwickelten Konzepts der sogenannten „doppelten Wahrheit". Gemeint ist dabei die Aufspaltung in „die Wahrheit, die die Philosophen in der Sprache der Logik und Vernunft äußern, und zum anderen die Wahrheit, die die Allgemeinheit in der Sprache der Allegorie und Religion zum Ausdruck bringt."[195] Ansätze zur Überwindung dieser Aufspaltung gibt es bereits in der islamischen Tradition selbst: Im Mittelalter wurden, vermittelt durch nestorianische Kreise und gegen anfänglichen Widerstand islamisch-orthodoxer Gelehrter, die Werke klassischer griechischer Philosophen ins Arabische übersetzt. Sie wurden damit in die muslimische Welt und ihren Wissenskanon integriert, von wo aus sie Eingang in die mittelalterliche europäische Philosophie und Theologie gefunden haben. Es gab also tatsächlich bereits eine, wenn auch nur kurze Phase in der Geschichte, während der islamische Theologie und

---

195 Nusseibeh, *Gewalt*: Rationalität und Vernünftigkeit. In: Glucksmann 2008, S. 123.

griechische Philosophie *zusammen* existierten. Wenn diese Verbindung innerislamisch „rehabilitiert" würde, könnte der Hinweis des Papstes auf die „Vernünftigkeit Gottes" *das* entscheidende Argument sein, jeder Gewaltbereitschaft im Namen von Religion den Boden zu entziehen. Das vertiefende Erkennen Gottes und der ihm inhärenten Vernünftigkeit enthält also ein großes Hoffnungspotential.

Hindernisse beim Verstehen

Zahlreiche muslimische Reaktionen auf die Papstrede zeigten allerdings, dass das Konzept einer logos-gemäßen Vernünftigkeit Gottes aus ihrer Perspektive kaum nachzuvollziehen ist. Da gemäß dem Koran Allah auch die Vernunft geschaffen hat, kann sie – dieser Logik folgend – nicht im Widerspruch zu Allah stehen. Im traditionellen islamischen Verständnis erlangt der Muslim die Vernunft „auf dem Wege der Eingebung"[196], die sich aus Erinnerung, Sprache und Tugenden speist. Überdies ist von der arabischen Wortwurzel her der Begriff der *Vernunft* (`aql) in erster Linie mit dem Bedeutungsfeld „fesseln, einschränken, im Zaum halten" verbunden – dieses Wort bezeichnet zugleich die Zügel des Kamels – und bezieht sich somit in erster Linie darauf, die Zunge im Zaum zu halten.[197]

Einzelne Stimmen aus dem islamischen Raum haben der Rede allerdings attestiert, dass sie eine höchst aktuelle Frage berührt hat, nämlich die Zerrissenheit der arabischen Welt zwischen Moderne und Tradition. Hoffnungsvoll stimmt in diesem Zusammenhang, dass es überhaupt das Bemühen um eine gemeinsame islamische Reaktion auf die Regensburger

---

196 Farouq, Wael: Zu den Wurzeln der arabischen Vernunft. In: Glucksmann 2008, S. 77.
197 Vgl. dazu Farouq ebd., S. 77f.

Rede gab. Welcher Papstrede ist zuvor oder danach ein ähnliches Schicksal beschieden gewesen?

In einer der prominenten Antworten auf die Regensburger Rede – einem offenen Brief an christliche Führungspersonen unter dem Titel „Above Us and Between Us. A Common Word Between Us and You" [Über uns und zwischen uns. Ein gemeinsames Wort zwischen uns und euch] im Herbst 2007 veröffentlicht[198] – stellten 138 muslimische Gelehrte vor allem die Einzigkeit Gottes und die daraus folgende „Liebe zum Nachbarn" als gemeinsames muslimisch-biblisches Erbe heraus.[199] Das Dokument schließt mit einem Appell zum gegenseitigen Respekt, ohne auf die von Papst Benedikt aufgeworfene Frage nach der Vernünftigkeit Gottes näher einzugehen. Deren „Nagelprobe" wäre die dezidierte Ablehnung jeglichen Zwangs, wie es die Worte von Kaiser Manuel II. auf den Punkt gebracht haben: „Der Glaube ist Frucht der Seele, nicht des Körpers. Wer also jemanden zum Glauben führen will, braucht die Fähigkeit

---

198 Die deutsche Übersetzung ist online zugänglich unter: https://www.acommonword.com/wp-content/uploads/2018/05/ACW-German-Translation-1.pdf (abgerufen am: 30.6.2019). Diese Erklärung erfolgte ein Jahr nach dem offenen Brief 38 muslimischer Gelehrter an Papst Benedikt, in dem diese vor allem die Transzendenz Gottes, den Gebrauch der Vernunft sowie den Einsatz von Gewalt aus islamischer Perspektive zu erklären suchten.

199 Damit folgen sie einer Linie, die offenbar bereits für den in der Regensburger Rede erwähnten mittelalterlichen islamischen Gelehrten Ibn Hazm entscheidend war: „Für Ibn Hazm ist es nicht so sehr die Vernunft […], sondern die Liebe, die die Welt regiert!" (Nusseibeh, Gewalt. In: Glucksmann 2008, S. 125.

zur guten Rede und ein rechtes Denken, nicht aber Gewalt und Drohung."[200]

Von islamischer Seite wird hier zwar gerne – gerade im westlichen Kontext – auf den Surenvers 2,256 hingewiesen, in dem es zu Beginn heißt: „Es gibt kein Zwingen in der Religion." Dies als islamische Legitimation von Religionsfreiheit anzusehen, legt sich allerdings nur dann nahe, wenn man diesen Vers*teil* isoliert betrachtet und von dem im Westen gängigen, individualistischen Verständnis von Religion ausgeht. Der *ganze* Vers 256 und sein Folgevers 257 stellen hingegen eine nachdrücklich an die Heiden gerichtete Forderung dar, sich zum Islam zu bekehren.[201] Das Ende von Vers 257 heißt nämlich: „Die Ungläubigen aber haben die Götzen zu Freunden. Die bringen sie aus dem Licht hinaus in die Finsternis. Sie (d.h. die Ungläubigen) werden Insassen des Höllenfeuers sein und (ewig) darin weilen."

---

200 In einem späteren Interview blickt Papst Benedikt XVI. darauf zurück, dass die innerislamisch zu klärende Frage nach dem Verhältnis zur Gewalt und zur Vernunft zwar aufgegriffen wurde und damit ein Nachdenken in Gang gekommen ist, es aber noch wichtige offene Fragen gibt: „Damit hängt dann die Frage zusammen, ob zur Toleranz auch das Recht des Religionswechsels gehört. Das anzuerkennen fällt den islamischen Partnern schwer. Wer in der Wahrheit angelangt ist, heißt es hier, kann nicht mehr zurück. Jedenfalls sind wir in ein großräumiges und intensives Dialogverhältnis eingetreten, in dem wir näher zueinanderkommen, einander besser verstehen lernen. Und dadurch vielleicht auch positiv einen gemeinsamen Beitrag in dieser schwierigen Stunde der Geschichte leisten können." (aus dem Interviewbuch *Licht der Welt* [2010]. In: Ratzinger, Gesammelte Schriften JRGS 13/2, S. 922).
201 Vgl. dazu Nagel 2018, S. 44.

4.4 Zusammenschau und Ausblick

Die Aussagen von Franz Rosenzweig und Joseph Ratzinger zum Islam entstammen zwei verschiedenen Epochen und Kontexten – und doch sind erstaunliche Konvergenzen festzustellen.

Diese beginnen bei der grundsätzlichen Sicht auf den Islam als einem „Rückfall" – nach Rosenzweig in ein Heidentum, nach Papst Benedikt in eine Irrationalität, die nicht mehr der Höhe des biblischen Gottesbildes entspricht. Dieser Rückschritt hatte auch mit der Gleichsetzung von Staat und Religion zu tun, wie Kardinal Joseph Ratzinger bereits 2003 in einem Interview erklärt hatte: „Denn bis zu Christus war die Identifikation von Religion und Staat, Gottheit und Staat, quasi notwendig, um dem Staat Stabilität zu verleihen. Der Islam kehrt dann zu dieser Identifikation von politischer und religiöser Welt zurück, aus dem Gedanken heraus, dass die Menschheit nur mit politischer Macht versittlicht werden kann."[202]

Was Rosenzweig als Rückfall in das Heidentum bezeichnet und damit als Abkehr von der Dynamik der biblischen Botschaft, wird bei Papst Benedikt zu einer Einladung an alle – auch an Muslime –, sich in Freiheit der allgemein zugänglichen Vernunft und ihrer Weite zu öffnen. An die Adresse der „säkularen Vernunft" richtet der Papst den Appell, sich gerade den theologischen Traditionen gegenüber nicht zu verschließen. Eine Öffnung in diese Richtung würde sogar, wie Papst Benedikt in einem Interview einige Jahre nach der Regensburger Rede erklärte, einem „monokulturellen Islam" das Argument entziehen, *er* allein sei „der Verteidiger der Religion gegenüber dem Atheismus und dem Säkularismus."[203]

---

202 Aus dem Gespräch mit Antonio Socci (Il Giornale 2003). In: Ratzinger, Gesammelte Schriften 13/3, S. 1416f.
203 So Joseph Ratzinger im Interviewbuch Licht der Welt (vgl. Fußnote 200), S. 924.

Joseph Ratzinger/Papst Benedikt XVI. konnte in der Regensburger Rede aufzeigen, wie sehr die biblische Tradition mit einem vernunftgemäßen Denken und Handeln konvergiert und dazu hinführt. Rosenzweig entfaltet im *Stern der Erlösung* die Dynamik der biblischen Botschaft in einem vernunftgeleiteten philosophischen Diskurs.

Welche Perspektiven ergeben sich daraus?

Sowohl die biblische Botschaft als auch die Vernunft müssen wie bei Rosenzweig und bei Ratzinger zuerst neu und überzeugend freigelegt werden, damit die ihnen *eigene* Dynamik wirksam werden kann. Ein echter Dialog der Kulturen, wie er von Papst Benedikt erhofft worden war und von Papst Franziskus in seiner Weise fortgesetzt wird, könnte also gerade durch diese beiden Ansätze vorangebracht werden. Sie bekämpfen die vorhandenen Blockaden nicht von außen und schon gar nicht durch die Abwertung von Personen, sondern überwinden sie durch Einsicht von innen her – jenseits von Unterwerfung und damit auch jenseits aller Denkverbote.

Dass Franz Rosenzweig bereits vor 100 Jahren gesehen hat, dass der „Kampf zwischen Morgenland und Abendland, Kirche und Islam" das angebrochene Jahrtausend prägen wird, ist eine realistische Einschätzung. Über die philosophisch-theologische Antwort Franz Rosenzweigs auf den Islam neu nachzudenken, wäre dabei eine entscheidende Hilfe.

Mit Papst Benedikt XVI. die Erkenntnis weiterzuentwickeln, dass, mit dem Logos zu handeln, dem Wesen Gottes entspricht, ist ein ähnliches Jahrtausendprojekt – eine Aufgabe sowohl für das Christentum selbst, als auch für jedes realistische Gespräch mit dem Islam.

Dieses Buch will einen Beitrag dazu leisten.

Literaturverzeichnis

Abramowski, Luise et al. (Hrsg.): A Nestorian Collection of Christological Texts. Volume I, Syriac Text; Volume II, Introduction, Translation and Indexes. Cambridge University Press: Cambridge 1972

Akhtar, Shabbir: Islam as Political Religion. Routledge: London 2011

Benedikt XVI.: Glaube, Vernunft und Universität. Erinnerungen und Reflexionen. Ansprache vom 12.9.2006 in der Universität Regensburg. In: http://www.vatican.va/content/benedict-xvi/de/speeches/2006/september/documents/hf_ben-xvi_spe_20060912_university-regensburg.html (abgerufen am: 30.6.2019)

Bobzin, Hartmut (Hrsg.): Der Koran. C. H. Beck: München 2019

Busse, Heribert: Die theologischen Beziehungen des Islams zu Judentum und Christentum. Wissenschaftliche Buchgesellschaft: Darmstadt 1991

Clooney, Francis X.: Komparative Theologie. Eingehendes Lernen über religiöse Grenzen hinweg. Paderborn: Ferdinand Schöningh: Paderborn 2013

Colpe Carsten: Das Siegel der Propheten. Historische Beziehungen zwischen antikem Judentum, Judenchristentum, Heidentum und frühem Islam. Arbeiten zur neutestamentlichen Theologie und Zeitgeschichte. ANTZ Band 3: Berlin 2006

Cristaudo, Wayne: Rosenzweig's Stance Toward Islam. In: „Rosenzweig Jahrbuch 2". Karl Alber: Freiburg 2007

Denzinger, Heinrich (Hrsg.): Enchiridion Symbolorum, Definitionum et Declarationum in rebus fidei et morum. Herder: Freiburg ^{33}1965

Gnilka, Joachim: Bibel und Koran. Herder: Freiburg 2004

Goldsmit, Lazarus (Hrsg.): Der babylonische Talmud. *Jüdischer Verlag:* Berlin 1930

Glucksmann, André et al. (Hrsg.): Gott, rette die Vernunft. Die Regensburger Vorlesung des Papstes in der philosophischen Diskussion. Sankt Ulrich: Augsburg 2008

Hartwig, Dirk et al.: Im vollen Licht der Geschichte. Ergon: Würzburg 2008

Hennecke, Edgar (Hrsg.): Neutestamentliche Apokryphen in deutscher Übersetzung. Mohr: Tübingen 1970

Khadduri, Majid: War and Peace in the Law of Islam. The Lawbook Exchange: Clark/New Jersey 2006

Lehmann, Matthias: Franz Rosenzweigs Kritik des Islam im „Stern der Erlösung". In: Jewish Studies Quarterly Vol. 1, No. 4. Mohr Siebeck: Princeton 1994

Lumen Gentium. Dogmatische Konstiution des 2. Vatikanischen Konzils vom 16.11.1964. http://www.vatican.va/archive/hist_councils/ii_vatican_council/documents/vat-ii_const_19641121_lumen-gentium_ge.html (abgerufen am: 27.2.2020)

Lustiger, Jean-Marie: Gotteswahl. Piper: München 1987

Lustiger, Jean-Marie: Die Verheißung. Vom Alten zum Neuen Bund. Sankt Ulrich: Augsburg 2003

Maier, Bernhard: Koran-Lexikon. Kröner: Stuttgart 2001

Mani/Manichäismus. In: Lexikon für Theologie und Kirche. Band 6. Herder: Freiburg 2009, S. 1266

Nagel, Tilman: Was ist der Islam? Grundzüge einer Weltreligion. Duncker&Humblot: Berlin 2018

Nestorius, Nestorianismus. In: Lexikon für Theologie und Kirche. Band 7. Herder: Freiburg 2009, S. 747

Neuwirth, Angelika: Der Koran als Text der Spätantike. Verlag der Weltreligionen: Berlin 2010

Neuwirth, Angelika: Koranforschung – eine politische Philologie? De Gruyter: Berlin 2014

Nostra aetate. Erklärung aus dem 2. Vatikanischen Konzil vom 28.10.1965: http://www.vatican.va/archive/hist_councils/ii_vatican_council/documents/vat-ii_decl_19651028_nostra-aetate_ge.html (abgerufen am: 30.11.2019)

Palmer, Gesine (Hrsg.): Franz Rosenzweig, „Zweistromland". Philo: Berlin 2001

Palmer, Gesine (Hrsg.) Franz Rosenzweig, „Innerlich bleibt die Welt eine". Ausgewählte Schriften zum Islam. Philo: Berlin 2003

Paret, Rudi: Der Koran. Kohlhammer: Stuttgart ^{12}2015

Räisänen, Heikki: Das koranische Jesusbild. Ein Beitrag zur Theologie des Korans. Finnische Gesellschaft für Missiologie und Ökumenik: Helsinki 1971

Ratzinger, Joseph: Gesammelte Schriften JRGS 13/2. Herder: Freiburg 2016

Ratzinger, Joseph: Gesammelte Schriften JRGS 13/3. Herder: Freiburg 2017

Reynolds, Gabriel Said (Hrsg.): The Qur'an in Its Historical Context. Routledge: London 2008

Reynolds, Gabriel Said: The Qur'an and Its Biblical Subtext. Routledge: London 2010

Roncaglia, M. P.: Élements Ébionites et Elkésaites dans le Coran. In: POC [Proche-Orient Chretien] 21: Jerusalem 1971, S. 101–126

Rosenzweig, Franz: Der Stern der Erlösung. Suhrkamp: Frankfurt a. M. ^{10}2015

Rosenzweig, Rachel (Hrsg.): Franz Rosenzweig, Der Mensch und sein Werk. Gesammelte Schriften I. Briefe und Tagebücher. Briefe. Nijhoff: Haag 1979

Simon, Róbert: Mani and Muhammad. JSAI (Jerusalem Studies in Arabic and Islam) 21: Jerusalem 1997

Speyer, Heinrich: Die biblischen Erzählungen im Qoran. Olms: Hildesheim 2013

Stosch, Klaus von et al. (Hrsg.): Streit um Jesus. Schöningh: Paderborn 2016

Stosch, Klaus von: Zur Lage Komparativer Theologie. In: Theologische Revue 2019 Nr. 5. Hrsg. Katholisch-Theologische Fakultät der Universität Münster: Münster 2019

Stötzel, Arnold: Verstehen der jüdisch-christlichen Offenbarung angesichts des Islam. In: Heute in Kirche und Welt 1/2002 & 2/2002. Bad Tölz 2002, 4–5

Weimer, Ludwig: Die Lust an Gott und seiner Sache. Herder: Freiburg 1981

www.ingramcontent.com/pod-product-compliance
Lightning Source LLC
Chambersburg PA
CBHW060838190426
43197CB00040B/2670